Nadine Cart / Michel Kalika

TESTS D'APTITUDE AU MANAGEMENT

Directeur de collection : Myriam Dubertrand

EDITIONS LIAISONS

1, rue Eugène et Armand Peugeot - CP 701 - 92856 RUEIL-MALMAISON cedex

ISBN : 2.87880.553-4

Groupe Liaisons SA

DÉJÀ PARUS
DANS LA MÊME COLLECTION

Manager avec le social
Gérard Donnadieu

Du salaire à la rétribution (3e édition)
Gérard Donnadieu

Objectif compétence
Philippe Zarifian

Dictionnaire des Ressources Humaines (2e édition) français/anglais-anglais/français
Christopher et Annabel James et Antoine Tirard

Ingénierie en formation d'adultes (2e édition)
Sandra Bellier

Précis de développement des compétences
Philippe Eray

Réussir le détachement externe des cadres
Bruno Brusa

De l'individu à l'équipe
Richard Bréard et Pierre Pastor

Communication financière : image et marketing de l'entreprise
Robert de Bruin

Gestion des conflits
Richard Bréard et Pierre Pastor

Compétences en action
Sous la direction de Sandra Bellier

Ressources humaines : déployer la stratégie (Prix FNAC-Arthur Andersen du Livre d'entreprise)
Alain Meignant

Audit des Ressources Humaines (3e édition)
Jacques Igalens

Les mots de l'audit
IAS-IFACI

Former les nouveaux managers (2e édition)
Florence Hunot

Mobilité internationale
Éric Delon

Savoir-être : compétence ou illusion
Annick Penso-Latouche

La communication interne au service du management (2e édition)
Philippe Détrie

Le e-learning
Sandra Bellier

Vers une organisation apprenante
François Beaujolin

Manager, une responsabilité sociale
Jean-Christophe Lépissier

Le modèle de la compétence
Philippe Zarifian

L'évaluation de la GRH
Jean-Yves Le Louarn et Thierry Wils

La stratégie du mouvement
Helen Burzlaff et Jean-Pierre Le Padellec

La communication de proximité (2e édition)
Thierry Libaert

Devenir e-DRH
François Silva

Le management par les valeurs
Jean-François Claude

L'émergence d'un modèle du service
Philippe Zarifian

Si la GRH était de la gestion
Bernard Galambaud

Le e-management: vers l'entreprise virtuelle?
Sandra Bellier et Michel Kalika

Harcèlement: les réponses
Richard Bréard et Pierre Pastor

Technologies et flexibilité
Patricia Vendramin et Gérard Valenduc

Le e-learning, projet d'entreprise
Michel Ledru

L'éthique au service du management (2e édition) (Prix Manpower des Ressources Humaines 1999)
Jean-François Claude

Qualification ou compétences ?
Paul Santelmann

Les défis du management
Coordonné par Michel Kalika

La systémique : penser et agir dans la complexité
Gérard Donnadieu et Michel Karsky

L'évaluation des compétences pour une nouvelle approche du management opérationnel
Christine Vern

E-GRH : évolution ou révolution ?
Coordonné par Michel Kalika

Gestion des compétences et Knowledge Management
Coordonné par Françoise Dupuich-Rabasse

À vos marques, prêts ?... changez !
Mereym Le Saget et Denis Pessin

Les instruments du pilotage salarial
Jean-François de Martel

Le e-management: quelles transformations pour l'entreprise?
Coordonné par Michel Kalika et Michel Ledru

Systèmes de gestion intégrés: des technologies à risques?
Laure Lemaire

Manager les connaissances
Claire Beyou

L'innovation collective
Brice Auckenthaler et Pierre d'Huy

Manager la formation (6e édition)
Alain Meignant

SOMMAIRE

I. INTRODUCTION

Les tests de sélection se généralisent aussi bien dans les domaines de la formation que dans celui du recrutement au sein des entreprises et des administrations. Ils prennent de plus en plus fréquemment la forme de QCM (questionnaire à choix multiple) dans lesquels ; le candidat doit choisir une bonne réponse parmi plusieurs.

Les raisons de ce développement sont nombreuses : souci d'équité dans le traitement des candidatures, garantie de l'anonymat, rapidité de correction, classement des candidats et étalonnage, possibilité d'organiser les tests sur Internet, etc.

Les épreuves de sélection, tant des étudiants que des cadres de formation continue, de nombreux programmes de management comprennent, en effet, des QCM. Il en est ainsi des Masters, des Maîtrises de Sciences de Gestion, des MBA, des DESS de gestion, des CAAE, etc., organisés par les Universités, les IAE, les Écoles de Commerce. Les QCM sont aussi présents dans les concours de la fonction publique.

Dans les entreprises, le grand nombre des candidatures conduit fréquemment les cabinets de recrutement et les directions des ressources humaines à effectuer une première sélection sur la base de QCM, avant d'organiser des entretiens approfondis avec ceux qui franchissent cette première barrière.

Ces tests visent à discerner à la fois les capacités logiques des candidats, leur aptitude au raisonnement et leur capacité de compréhension de situations et de textes complexes.

L'originalité de cet ouvrage est de proposer des cas et des problèmes correspondant pour leur majorité à des minisituations d'entreprises. Les tests y figurant requièrent, comme dans le quotidien du management, d'être capable de sélectionner les informations pertinentes, de poser clairement les problèmes et de les formaliser. Le candidat est ainsi amené à réfléchir à des questions qui se posent dans la vie quotidienne des personnes qui travaillent en entreprise. Ce livre permet de s'exercer, de s'entraîner et de se préparer efficacement aux épreuves des concours de sélection. Grâce à ces QCM, tout manager peut aussi entretenir et développer sa vivacité et son agilité intellectuelle.

L'ouvrage regroupe des tests avec leurs réponses, des conseils, qui permettent de préparer efficacement les épreuves de sélection et d'améliorer les chances de succès. Les tests ne requièrent aucun pré-requis de nature universitaire et s'attachent seulement à exercer les facultés de

---

Les auteurs remercient très vivement Hélène et François Pigeonnier, Samuel Kalika, pour leur relecture attentive et leurs suggestions, mais demeurent seuls responsables des erreurs et coquilles qui pourraient encore figurer dans l'ouvrage.

raisonnement et de compréhension. Ils ne reposent pas sur la vérification de connaissances factuelles dans le domaine de la gestion ou de l'économie. Chaque test se suffit à lui-même et il ne fait pas appel à des connaissances académiques et de culture générale préalablement acquises.

Ces tests ont pour la plupart été élaborés en tenant compte du processus habituel de décision. Un processus de décision comporte généralement trois phases successives (H. Simon) :

– La phase d'intelligence de la situation, de compréhension du problème posé qui repose sur la sélection et l'interprétation des informations.

– La phase de modélisation qui consiste à conceptualiser le problème, à en fixer les objectifs, les critères de choix, à rechercher les solutions possibles.

– La phase de choix qui consiste à sélectionner une des solutions possibles au regard des objectifs et critères retenus.

Dans les situations de management, les problèmes doivent d'abord être identifiés, les données extraites d'une réalité globale et confuse, la plupart du temps. La première étape (et ce n'est pas la plus simple) consiste, après avoir sélectionné les informations pertinentes, à… formaliser le problème. C'est la raison pour laquelle les situations proposées exigent tout d'abord une capacité à distinguer les informations et à les organiser. Ces tests mobilisent plutôt la mémoire immédiate.

En résumé, on peut dire que ces tests sollicitent la capacité :

– à discerner les informations pertinentes ;

– à négliger les données inutiles ou redondantes ;

– à organiser les données ;

– à trouver des liens logiques entre les données pertinentes, à abstraire à des fins de généralisation ;

– à formaliser un problème ;

– à raisonner ;

– à choisir une solution ;

– à comprendre un tableau de chiffres ou un graphique ;

– à comprendre un texte et à identifier une idée présente dans le texte ;

– à s'adapter à des tâches intellectuelles différentes ;

– à se concentrer et à focaliser toute son énergie sur l'exercice ;

– à travailler en temps limité.

En revanche, ces tests n'évaluent notamment pas :
– les capacités de mémorisation de connaissances ;
– la mémoire visuelle ;
– la mémoire auditive ;
– le profil psychologique ;
– les qualités morales ;
– les qualités relationnelles, etc., et l'on sait que ces dernières sont pourtant essentielles à l'activité managériale.

Ces tests appréhendent donc partiellement, et non totalement, les capacités requises pour effectuer des études de management.

Les QCM de cet ouvrage sont volontairement non classés par ordre de difficulté croissante, car, dans la réalité de l'entreprise et dans les épreuves de tests, les problèmes à résoudre ne se présentent pas de façon ordonnée. Les tests de ce livre peuvent être faits dans n'importe quel ordre.

La bonne réponse est indiquée pour chacun des tests et une solution (parfois deux) est développée à titre illustratif. Mais cette solution n'est pas unique et d'autres méthodes de résolution sont possibles.

II. RÉSOLUTION DE PROBLÈMES

Question n° 1

À la suite du naufrage du pétrolier « Prestige », le capitaine du navire océanographique de lutte contre la pollution de la communauté européenne observe, à 10h15 GMT, une petite nappe de pétrole qui s'élargit. Elle a mis une heure à atteindre 20 dm^2. Sa surface double chaque heure. Bientôt cette nappe s'étendra sur 100 m^2.

Deux nappes qui se développeraient l'une près de l'autre de la même façon recouvriraient ensemble 100 m^2 au cours de la...

Réponses possibles :

1 : 4ᵉ heure
2 : 5ᵉ heure
3 : 9ᵉ heure
4 : 250ᵉ heure

Question n° 2

Des sélections d'embauche ont lieu dans l'immense salle de réunion d'une multinationale. En tout, 40 personnes sont présentes. Les cadres de l'entreprise participent à cette première sélection. Ils essaient de rencontrer le plus possible de candidats pour ensuite confronter leurs impressions. À la fin de la journée de sélection, Jean a reçu 11 candidats, Michel, 12 candidats, Dominique, 13 candidats, Françoise a reçu 14 candidats, etc., jusqu'à Monique qui les a tous rencontrés.

Combien y a-t-il de cadres et de candidats présents ?

Réponses possibles :

1 : 10 cadres et 30 candidats
2 : 15 cadres et 25 candidats
3 : 5 cadres et 35 candidats
4 : 6 cadres et 34 candidats

Solution Question n° 1

Réponse : 3

La nappe met 1 heure à atteindre 20 dm^2, soit 0,2 m^2
2 heures plus tard sa surface est de : 0,2 x 2 = 0,4 m^2*
3 heures plus tard sa surface est de : 0,4 x 2 = 0,8 m^2
4 heures plus tard sa surface est de : 0, 8 x 2 = 1,6 m^2
5 heures plus tard sa surface est de : 1,6 x 2 = 3,2 m^2
6 heures plus tard sa surface est de : 3,2 x 2 = 6,4 m^2
7 heures plus tard sa surface est de : 6,4 x 2 = 12,8 m^2
8 heures plus tard sa surface est de : 12,8 x 2 = 25,6 m^2
9 heures plus tard sa surface est de : 25,6 x 2 = 51,2 m^2
10 heures plus tard sa surface est de : 51,2 x 2 = 102,4 m^2

S'il y avait 2 nappes de 0,2 m^2 au départ, c'est comme si on commençait les calculs à la deuxième ligne (marquée d'un *). À ce moment-là, il faudrait donc une heure de moins pour couvrir les 102,4 m^2, c'est-à-dire 9 heures.

La réponse est : 9e heure

Solution Question n° 2

Réponse: 2

Soit x le nombre de cadres et y le nombre de candidats;
Jean, le cadre n° 1 a reçu 11 candidats, c'est-à-dire 10 + 1 (1 correspondant au rang de Jean)
Michel, le cadre n° 2 a reçu 12 candidats, c'est-à-dire 10 + 2
Dominique, le cadre n° 3 a reçu 13 candidats, c'est-à-dire 10 + 3
François, le cadre n° 4 a reçu 14 candidats, c'est-à-dire 10 + 4
Et ainsi de suite, jusqu'à Monique qui les reçoit tous:
y (le nombre de candidats) peut aussi s'exprimer par 10 + x, x étant le rang de Monique (c'est-à-dire le rang du dernier cadre, correspondant au nombre total de cadres):
donc, y = 10 + x
Or, x + y = 40 (personnes dans la salle)
en remplaçant y par 10 + x:
x + (10 + x) = 40
2 x + 10 = 40
2 x = 40 – 10
2 x = 30
x = 30/2
x = 15
y = 40 – 15 = 25

La réponse est : 15 cadres et 25 candidats

Question n° 3

Un responsable de service supervise 5 collaborateurs. Il décide cette année de marquer sa modernité en envoyant des courriers électroniques (mails) à tous ses collaborateurs. Certains de ceux-ci vont lui répondre par le même canal de communication.

Quel est le nombre maximum de mails de vœux de bonne année possibles entre toutes ces personnes ?

Réponses possibles :

1 : 36
2 : 30
3 : 60
4 : 20

Question n° 4

À l'occasion de leur promotion Sylvain, Annie et François apportent du champagne au bureau pour organiser une petite fête. Sylvain apporte 4 bouteilles, Annie apporte 5 bouteilles. Pour payer sa part, François leur donne 54 euros.

Pour que la participation de chacun soit la même, Sylvain et Annie recevront...

Réponses possibles :

1 : 27 euros et 27 euros
2 : 24 euros et 30 euros
3 : 18 euros et 36 euros
4 : 4,50 euros et 9 euros

Solution Question n° 3

Réponse : 2

La question concerne 6 personnes, le responsable plus ses 5 collaborateurs.
Chacun peut envoyer au maximum 5 mails de vœux.
Le nombre maximum de mails échangés est de : 6 x 5 = 30

La réponse est : 30

Solution Question n° 4

Réponse : 3

La participation de Sylvain et d'Annie doit être la même que celle de François c'est-à-dire de 54 euros chacun. Sylvain, Annie et François vont donc dépenser en tout :
(54 x 3) = 162 €
9 bouteilles ont été apportées (4 par Sylvain + 5 par Annie).
Le prix de chaque bouteille est donc de :
(162 : 9) = 18 €
La participation de Sylvain représentait l'équivalent de :
(18 x 4) = 72 €
La participation d'Annie représentait l'équivalent de :
(18 x 5) = 90 €
Pour que la participation de chacun soit équivalente, François doit donner :
à Sylvain : (72 – 54) = 18 € et à Annie : (90 – 54) = 36 €

Autre solution Question n° 4

Il y a 9 bouteilles en tout, chacun doit donc en payer 3.
Sylvain en apporte 4, François doit donc lui en rembourser 1.
Annie en apporte 5, François doit donc lui en rembourser 2.
Le prix de chaque bouteille est de $\frac{54}{3} = 18$ €
François donne à Sylvain : 1 x 18 = 18 €

François donne à Annie : 2 x 18 = 36 €

La réponse est : 18 euros et 36 euros

Question n° 5

Dans une entreprise de produits surgelés grand public, les délégués commerciaux sont réunis un lundi sur deux. Les chefs de secteurs se rencontrent un lundi sur trois. Les chefs de produits ont une réunion de coordination un lundi sur quatre. Les chefs de groupe se retrouvent un lundi sur cinq.

Les quatre réunions ont lieu une première fois le même lundi en présence du directeur commercial. L'année est bissextile. Le directeur commercial souhaite savoir dans combien de semaines il pourra, à nouveau, rencontrer toutes ses équipes commerciales simultanément.

Les réunions auront lieu à nouveau le même lundi dans...

Réponses possibles:

1: 120 semaines
2: 60 semaines
3: 30 semaines
4: 14 semaines

Question n° 6

Douze camarades de promotion d'une filière de formation au management se réunissent chaque année au restaurant. Malheureusement, le restaurant ne pratique pas les notes séparées par convive. Aziz a rassemblé l'argent dans une enveloppe: il a demandé une somme égale à chacun. Il rendra la monnaie à chacun d'eux, après le repas, quand le calcul de ce que chacun a pris sera fait. Dans son enveloppe il a 384 €. Chacune des quatre personnes qui prennent normalement tous les plats paie 30,25 €. Cette somme comprend le pourboire (Aziz a donné 24 € de pourboire au total) et le vin. L'entrée est à 8 €, le plat principal est à 12 €, le dessert est à 4 €, le café est à 1 €. Sarah n'a pas pris de café. François et Hélène n'ont pris ni dessert ni café. Sophie, Annie et Dominique n'ont pas pris de dessert, Yorelle et Samuel n'ont pas pris d'entrée.

Quel est le prix total payé pour le vin?

Réponses possibles:

1 : 39 €
2: 63 €
3: 51 €
4: ARNC (aucune réponse ne convient)

Solution Question n° 5

Réponse : 2

L'information « l'année est bissextile » est inutile puisqu'on raisonne en semaines et non en jours ou en mois.
Pour savoir dans combien de semaines les réunions auront lieu à nouveau le même jour, il s'agit de trouver le plus petit multiple commun à 2, 3, 4 ,5.
Comme 4 est multiple de 2,on ne tient pas compte de 2, les réunions auront donc lieu le même jour dans :
[3 x (2 x 2) x 5] = 60 semaines

La réponse est : 60 semaines

Solution Question n° 6

Réponse : 1

Un repas complet sans vin et sans pourboire revient à :
8 + 12 + 4 + 1 = 25 €
Un repas complet avec vin et pourboire revient à 30,25 €
Ce qui signifie que le montant individuel correspondant au vin et au pourboire est de :
(30,25 – 25) = 5,25 €
Le montant total du vin et du pourboire est de :
(5,25 x 12)= 63 €
On sait que le montant du pourboire est de 24 €
Le prix du vin est de :
(63 – 24)= 39 €

La réponse est : 39 €

Question n° 7

Douze camarades de promotion se réunissent au restaurant. Aziz a rassemblé l'argent : il a demandé une somme égale à chacun. Il rendra la monnaie après le repas quand le calcul de ce que chacun a pris sera fait. Il a reçu 384 euros. Quatre personnes ont pris tous les plats et ont payé 30,25 €. Cette somme comprend le pourboire (Aziz a donné 24 € de pourboire au total) et le vin.

L'entrée est à 8 €, le plat central est à 12 €, le dessert est à 4 €, le café est à 1 €. Sarah n'a pas pris de café. François et Hélène n'ont pris ni dessert ni café. Sophie, Annie et Dominique n'ont pas pris de dessert, Yorelle et Samuel n'ont pas pris d'entrée. Aziz rend la monnaie à chacun.

Combien rend-il de monnaie en tout ?

Réponses possibles :

1 : 84 €
2 : 60 €
3 : 80 €
4 : ARNC (aucune réponse ne convient)

Question n° 8

Pour son anniversaire en novembre 2004, une assistante du service comptabilité pose une devinette à ses collègues : « *si vous enlevez mon âge de l'année 2004, vous obtiendrez l'année de ma naissance qui se termine par le nombre à 2 chiffres correspondant à mon âge.*

Quel est mon âge ? »

Réponses possibles :

1 : 32 ans
2 : 38 ans
3 : 44 ans
4 : 52 ans

Solution Question n° 7

Réponse : 2

4 personnes paient :
30,25, c'est-à-dire 121 €
Mathieu paie :
(30, 25 – 1) , c'est-à-dire 29,25 €
François et Hélène paient :
[30,25 – (4 + 1)] x 2 , c'est-à-dire 50,50 €
Sophie, Annie et Dominique paient :
(30, 25 – 4) x 3 , c'est-à-dire 78,75 €
Estelle et Samuel paient :
(30,25 – 8) x 2 , c'est-à-dire 44,50 €
Au total les 12 personnes paient :
(121 + 29,25 + 50,50 + 78,75 + 44,50) = 324 €
Pierre avait une avance de 384 €
Il rend en tout :
(384 – 324) = 60 €

La réponse est : 60 €

Solution Question n° 8

Réponse : 4

Le nombre à 2 chiffres x correspond à la fois à l'âge et à l'année de naissance.
(x + x) = 104
2 x = 104
x = 52
L'assistante est donc née en 1952 et elle a 52 ans.

La réponse est : 52 ans

Question n° 9

Après l'introduction en bourse de sa société, Jean fait un pari avec son ami Michel : « *Je suis sûr que l'action introduite à bas prix va doubler plusieurs fois* », lui dit-il. Malgré les doutes de son ami, il investit toutes ses économies, et lui propose le marché suivant : « *J'achète 5 250 € d'actions et je te donne 6 000 € à chaque fois qu'elles vont doubler.* » Michel est bien sûr d'accord. Le cours de l'action double successivement trois fois en deux ans.

Combien Jean et Michel ont-ils respectivement gagné ?

Réponses possibles :

1 : 24 000 € et 18 000 €
2 : 0 € et 18 000 €
3 : 42 000 € et 18 000 €
4 : 18 000 € et 18 000 €

Question n° 10

Soupçonnée d'avoir servi de la viande de bœuf importée de Grande-Bretagne alors que c'était interdit, cette chaîne de restauration rapide voit son chiffre d'affaires mensuel s'effondrer. Le chiffre d'affaires mensuel est d'habitude régulier. En avril, il n'est plus que de 1 050 000 € suite à une chute de 20 %, par rapport à mars. En mars, il s'était effondré de moitié après une chute de 50 % en février et de 30 % en janvier.

Quel était le chiffre d'affaires de décembre ?

Réponses possibles :

1 : 75 000 000 €
2 : 7 500 000 €
3 : 6 552 000 €
4 : 65 520 000 €

Solution Question n° 9

Réponse : 2

Jean achète pour 5 250 € d'action
Ses actions doublent une première fois et il donne 6 000 € à son ami :
(5 250 x 2) – 6 000 = 4 500
Il lui reste 4 500 €
Ses actions doublent une deuxième fois et il donne 6 000 € à son ami :
(4 500 x 2) – 6 000 = 3 000
Il lui reste 3 000 €
Ses actions doublent une troisième fois et il donne 6 000 € à son ami :
(3 000 x 2) – 6 000 = 0
Il ne lui reste plus rien et son ami a gagné (6 000 x 3) = 18 000 €

La réponse est : 0 € et 18 000 €

Solution Question n° 10

Réponse : 2

Le chiffre d' affaires d'avril représente (100 - 20) = 80 % du chiffres d'affaires de mars.
Le chiffre de mars était de : $\frac{1\,050\,000 \times 100}{80} = 1\,312\,500$ €
Le chiffre d'affaires de février était de : 1 312 500 x 2 = 2 625 000 €
Le chiffre d'affaires de janvier était de : 2 625 000 x 2 = 5 250 000 €
Le chiffre d'affaires de décembre était de : $\frac{5\,250\,000 \times 100}{70} = 7\,500\,000$ €

La réponse est : 7 500 000 €

Question n° 11

Panne d'électricité ! Sophie cherche à tâtons dans son tiroir qui contient 12 stylos bleus et 12 stylos rouges.

Combien de stylos au minimum doit-elle prendre pour être sûre d'en avoir 2 de la même couleur ?

Réponses possibles :

1 : 3
2 : 2
3 : 12
4 : 13

Question n° 12

Yves travaille dans une entreprise où la rémunération est pour partie fixe (salaire de base) et pour partie variable (prime). La part variable est versée en une fois et correspond à une prime annuelle. Avec sa prime de fin d'année, le salaire annuel de Yves atteint 78 000 €. Son salaire de base est supérieur de 64 000 € à sa prime.

Quel est le montant de sa prime de fin d'année ?

Réponses possibles :

1 : 14 000 €
2 : 18 000 €
3 : 7 000 €
4 : 71 000 €

Solution Question n° 11

Réponse : 1

La précision concernant le nombre de stylos de chaque couleur dans le tiroir est une information inutile.
Si elle prend deux stylos, elle peut avoir :
- deux bleus,
- deux rouges
- mais aussi un bleu et un rouge.

Si elle prend trois stylos, elle peut avoir :
- deux bleus et un rouge,
- un bleu et deux rouges,
- trois bleus,
- trois rouges.

Ce qui signifie qu'en prenant trois stylos elle sera sûre d'en avoir toujours deux de la même couleur.

La réponse est : 3

Solution Question n° 12

Réponse : 3

Salaire de base = x
Prime annuelle = y
x + y = 78 000 (salaire annuel)
x = y + 64 000 (donnée du texte)
On peut remplacer x dans la première équation :
(y + 64 000) + y = 78 000
2 y = 78 000 – 64 000

$$y = \frac{14\,000}{2}$$

Prime = 7 000

La réponse est : 7 000 €

Question n° 13

Isabelle part en voiture de chez elle à 8 heures pour se rendre à un entretien d'embauche. À cette heure-là la circulation est très difficile et elle ne peut rouler qu'à 80 km/heure. Pascal part à 9 heures de la même ville pour se rendre au même endroit et il peut rouler à 120 km/heure. Ils arrivent tous les deux à la même heure.

Quelle distance ont-ils parcourue ?

Réponses possibles :

1 : 120 km
2 : 320 km
3 : 260 km
4 : 240 km

Solution Question n° 13

Réponse : 4

Soit d la distance identique parcourue par Isabelle et Pascal.
Le temps de voyage peut s'exprimer des deux manières suivantes :
Pour Isabelle : $\frac{60}{80} \times d$
Pour Pascal : $\left(\frac{60}{120} \times d\right) + 60$
On peut donc établir que :
$$\frac{60d}{80} = \frac{60d}{120} + 60$$
en simplifiant :
$$\frac{3d}{4} = \frac{2d}{4} + 60$$
$$\frac{3d - 2d}{4} = 60$$
d = 240

La réponse est : 240 kilomètres

Question n° 14

Véronique, Stéphane et Simon parcourent la même distance en partant du siège de leur entreprise pour se rendre chez un client un vendredi. Ils quittent, tous à la même heure le siège de l'entreprise située à la gare Montparnasse à Paris. Véronique et Stéphane préfèrent partir avec leur véhicule car ils veulent rester dans la région pour le week-end. Véronique part en voiture et arrive à 14 heures ; elle a roulé à 100 km/heure. Stéphane part en moto et arrive à 13 heures ; il a roulé à 120 km/heure. Simon fait le trajet en train à 150 km/heure et arrive à 12 heures.

À quelle heure sont-ils partis de Montparnasse ?

Réponses possibles :

1 : 10 heures
2 : 9 heures
3 : 8 heures
4 : 7 heures

Solution Question n° 14

Réponse : 3

Le temps mis en minutes pour parcourir la même distance, x, peut s'exprimer des trois manières suivantes :

- pour faire 150 km, il faut à Simon 60 minutes, pour faire1 km, il lui faut $\frac{60}{150}$ minutes
et pour faire x km : $\frac{60}{150}$ x minutes
- $\frac{60\,x}{120} - 60$ pour Stéphane (Stéphane arrive une heure plus tard que Simon)
- $\frac{60\,x}{100} - 120$ pour Véronique (Véronique arrive deux heures plus tard que Simon)

On peut donc établir par exemple que :

- $\frac{60\,x}{150} = \frac{60\,x}{120} - 60$

en simplifiant :

$\frac{2\,x}{5} = \frac{x}{2} - 60$ ou $\frac{4x}{10} = \frac{5x}{10} - 60$

$\frac{5\,x - 4\,x}{10} = 60$ ou $\frac{x}{10} = 60$

x = 600

La distance parcourue est : 600 kilomètres

Pour faire 600 kilomètres à 100 kilomètres/heure, Véronique met (600/100) 6 heures ; elle part donc à : (14 – 6) = 8 heures.
Pour faire 600 kilomètres à 120 kilomètres/heure, Stéphane met (600/120) 5 heures ; il part donc à : (13 – 5) = 8 heures.
Pour faire 600 kilomètres à 150 kilomètres/heure, Simon met (600/150) 4 heures ; il part donc à : (12 – 4) = 8 heures

Autre solution Question n° 14

(vitesse) x (temps de trajet) = distance parcourue, t étant le temps de trajet
Distance parcourue par Simon : 150 x (t)
Distance parcourue par Stéphane, qui arrive une heure après Simon :
120 x (t + 1)
Cette distance étant la même pour Simon et Stéphane, on peut écrire :
150 x (t) = 120 x (t + 1)
dont t = 4
le temps de trajet de Simon étant de 4 heures, il part à 8 heures.

La réponse est : 8 heures

Question n° 15

Dans une usine de confiseries, le service de production doit emballer un lot de promotions. Deux machines à empaqueter travaillent à un rythme différent. Si chaque machine réalisait la tâche seule, l'une mettrait deux heures et l'autre quatre heures. On décide de les faire fonctionner en même temps.

Combien de temps faudra-t-il aux deux machines ensemble ?

Réponses possibles :

1 : 1 heure 20
2 : 2 heures 30
3 : 6 heures
4 : 3 heures

Solution Question n° 15

Réponse : 1

Cherchons à savoir ce que fait chaque machine en une heure.
Si, en 2 heures, la première machine effectue la totalité du travail, en 1 heure, elle en effectue la moitié : $\frac{1}{2}$

Si en 4 heures, la seconde machine effectue la totalité du travail, en 1 heure, elle en effectue le quart : $\frac{1}{4}$

En une heure les deux machines ensemble effectuent donc :
$\frac{1}{2} + \frac{1}{4} = \frac{2}{4} + \frac{1}{4} = \frac{3}{4}$ du travail

Il reste donc un quart du travail à faire qui représente le tiers du travail effectué en 60 minutes par les deux machines ensemble :
$\frac{3}{4} = 3\left(\frac{1}{4}\right)$

Il faudra donc un tiers d'heure en plus, c'est-à-dire 20 minutes.
Il faudra donc 1 heure 20 minutes (80 minutes) aux deux machines pour réaliser le travail ensemble.

Autre solution Question n° 15

On peut poser l'équation :
$$\frac{60}{0{,}75} = \frac{x}{1}$$
(60 signifie 60 minutes ; 0,75 signifie 3/4 du travail ; x indique le nombre de minutes nécessaires pour effectuer tout le travail, qui lui est exprimé par « 1 »).
Ce qui donne :
$$0{,}75\,x = 60$$
$$x = \frac{60}{0{,}75} = 80 \text{ minutes}$$

La réponse est : 1 heure 20

Question n° 16

Ce matin David, intérimaire à l'esprit farceur, répond au responsable du personnel qui renseigne son dossier d'embauche, quand on lui demande son âge : *« Diminuez le double de quatre fois mon âge dans seize ans, de la moitié de quatre fois mon âge il y a seize ans et vous obtiendrez quatorze fois mon âge. »*

Quel âge le responsable du personnel doit-il noter?

Réponses possibles :

1 : 16 ans
2 : 20 ans
3 : 40 ans
4 : 32 ans

Question n° 17

Hélène est ostréicultrice (elle élève des huîtres). Elle a donné à sa secrétaire un brouillon avec des tarifs d'huîtres par unités de quinze kilos pour un client afin que celle-ci les saisisse sur l'ordinateur :

- huîtres creuses numéro quatre,
- huîtres creuses numéro deux,
- belons (huîtres plates).

Mais le brouillon est égaré. La secrétaire se rappelle que :

- si on additionne le tarif des trois catégories on obtient 325 €
- les belons coûtent 150 € de plus que les numéros quatre,
- le prix des numéros quatre ajouté au prix des belons est supérieur de 175 € au prix des numéros deux.

Quel est le prix des belons ?

Réponses possibles :

1 : 185 €
2 : 175 €
3 : 200 €
4 : 150 €

Solution Question n° 16

Réponse : 2

Soit *a* l'âge de David, on peut écrire :

$2\,[\,4\,(a + 16)\,] - \frac{4\,(a - 16)}{2} = 14\,a$

2(4a + 64) – (2a - 32) = 14 a
8a + 128 – 2a + 32 = 14a
14a – 8a + 2a = 160
8a = 160
a = 20

La réponse est : 20 ans

Solution Question n° 17

Réponse : 3

Représentons :
- les huîtres numéro quatre par a
- les huîtres numéro deux par b
- les belons par c
On peut écrire en reprenant les données de l'énoncé :
- a + b + c = 325
- a + 150 = c
- a + c = b + 175
Résolution des équations :
a + b + (a + 150) = 325
2a + b = 325 – 150
2a + b = 175
a + (a + 150) = b + 175
2a – b = 25
Additionnons les deux termes des deux équations soulignées :
2a + 2a + b – b = 175 + 25
4a = 200
a = 50.
Remplaçons a par sa valeur dans l'équation: a + 150 = c
50 + 150 = c
c = 200.
Le prix des belons est 200 €

La réponse est : 200 €

Question n° 18

Des manutentionnaires rangent une réserve et font deux piles de caisses. Pour pouvoir ouvrir la fenêtre, Antoine veut enlever une caisse de la première pile de gauche pour la poser sur la deuxième pile de droite. La deuxième pile serait alors trois fois plus haute que la première. Son collègue lui dit : « *Je ne suis pas de cet avis ; tant pis pour la fenêtre, il serait plus logique de mettre plutôt une caisse de la deuxième pile sur la première pile, ainsi on aurait des piles de même hauteur.* »

Combien y avait-il de caisses au départ dans chacune des deux piles ?

Réponses possibles :

1 : première pile = 4 et deuxième pile = 7
2 : première pile = 7 et deuxième pile = 4
3 : première pile = 5 et deuxième pile = 3
4 : première pile = 3 et deuxième pile = 5

Solution Question n° 18

Réponse : 4

Soit x la pile de gauche et y la pile de droite, à partir de l'énoncé, on peut écrire :
$y + 1 = 3(x - 1)$
$y - 1 = x + 1$

Soustrayons chaque terme de la deuxième équation de la première équation :
$(y + 1) - (y - 1) = (3x - 3) - (x + 1)$
$2 = 2x - 4$
$2x = 6$
$x = 3$
La première pile comporte 3 caisses

Remplaçons x par sa valeur dans l'équation : $y - 1 = x + 1$
$y - 1 = 3 + 1$
$y = 5$
La seconde pile comporte 5 caisses

La réponse est : première pile = 3 et deuxième pile = 5

Question n° 19

Michel revient d'une mission professionnelle à l'étranger. Il lui reste des dollars. Au premier janvier, pour les étrennes, il veut donner 90 dollars en tout à ses trois neveux : Camille, Eugénie et Charles. Il prépare des enveloppes différentes en fonction des résultats scolaires de chacun. Puis il change d'avis et veut maintenant donner la même somme à chacun. Il doit augmenter l'enveloppe de Camille du tiers de celle de Charles. Il doit diminuer l'enveloppe de Charles de la moitié de celle d'Eugénie. Eugénie avait les deux tiers de ce qu'avait Charles.

Combien avait Eugénie ?

Réponses possibles :

1 : 15 $
2 : 30 $
3 : 45 $
4 : 25 $

Solution Question n° 19

Réponse : 2

Représentons par *a* la part initiale de Camille, par *b* la part initiale d'Eugénie, par *c* la part initiale de Charles.
$a + b + c = 90$
Dans la seconde répartition chacun aura 90 $ divisés par 3 soit 30 $
Le rééquilibrage se traduit ainsi :

$a + \frac{c}{3} = 30$

$c - \frac{b}{2} = 30$

$b = \frac{2c}{3}$

ou $c = \frac{3b}{2}$

on remplace c dans la deuxième égalité

$\frac{3b}{2} - \frac{b}{2} = 30$

$b = 30$
La part d'Eugénie était initialement de 30 $.

La réponse est : 30 $

Question n° 20

Le Directeur des Ressources Humaines (DRH) fait une répartition des primes de fin d'année en les modulant selon les évaluations de chacun des quatre cadres de son service : Luc, Nicolas, Ibrahim et Sean.

Mais la direction s'oppose à cette répartition et demande que les primes soient égales. Le total des primes est de 16 000 €. Le DRH doit diminuer la prime de Sean du double de la prime de Luc. Il doit augmenter la prime de Luc des trois quarts de celle de Ibrahim. La prime de Ibrahim était inférieure de 1 000 € à celle de Nicolas. Quel était le montant de la prime de Sean ?

Réponses possibles :

1 : 6 000 €
2 : 5 000 €
3 : 4 000 €
4 : 1 000 €

Solution Question n° 20

Réponse : 1

Représentons la prime initialement prévue pour :
Luc par *a*
Nicolas par *b*
Ibrahim par *c*
Sean par *d*
Nous savons que :
$a + b + c + d = 16\,000$
$d - 2a = 4\,000$ (la prime de chacun étant de 16 000 € divisés par 4, soit 4 000 €, après décision de la direction)
$a + \frac{3c}{4} = 4\,000$
$c + 1\,000 = b$
Remplaçons b et d dans la première équation :
$a + (c + 1\,000) + c + (4\,000 + 2a) = 16\,000$
(1) $3a + 2c + 5\,000 = 16\,000$.
Multiplions par trois les termes de la troisième équation :

$$3(a + \frac{3c}{4}) = 3(4000)$$

(2) $3a + \frac{9c}{4} = 12\,000$
Soustrayons les termes de l'équation (2) des termes de l'équation (1) :
$(3a + 2\,c + 5\,000) - (3a + \frac{9c}{4}) = 4\,000$
$2c - \frac{9c}{4} + 5\,000 = 4\,000$
$\frac{8c}{4} - \frac{9c}{4} + 5\,000 = 4\,000$
$\frac{c}{4} = 1\,000$
$c = 4\,000$
Comme $c + 1\,000 = b$
$b = 5\,000$
Comme $a + \frac{3c}{4} = 4\,000$
$a = 4000 - \frac{3 \times 4\,000}{4}$
$a = 1\,000$
Comme $d - 2a = 4\,000$
$d = 6\,000$

La réponse est : 6 000 €

Question n° 21

Gérard est un agent commercial. Il veut offrir un stylo à plume et un stylo bille à son client. Les stylos à plume sont mélangés avec des stylos à bille dans un carton dans le coffre de sa voiture. Le parking est sombre, il ne peut pas voir ce qu'il prend. Il sait que le carton contient 12 stylos à plume et 12 stylos à bille. Combien doit-il sortir de stylos au minimum pour être certain d'en avoir un à plume et un à bille?

Réponses possibles:
1 : 3
2 : 2
3 : 12
4 : 13

Question n° 22

Dans le parking mal éclairé d'un hôtel, Gérard, agent commercial en déplacement, souhaite offrir uniquement un stylo à plume à son client. La caisse qui les contient est située dans son coffre de voiture et compte 11 stylos à plume et 11 stylos à bille.

Combien de stylos doit-il prendre au minimum, pour être certain d'attraper un stylo à plume?

Réponses possibles:
1 : 3
2 : 2
3 : 12
4 : 13

Solution Question n° 21

Réponse : 4

S'il prend un nombre de stylos inférieur ou égal à 12, il pourra toujours avoir pris des stylos semblables.
Ce n'est qu'à partir de 13 qu'il pourra être certain d'avoir 2 stylos différents.

La réponse est : 13

Solution Question n° 22

Réponse : 3

Il lui reste 11 stylos à plume et 11 stylos à bille.
Pour être sûr de sortir un stylo à plume, il faut donc qu'il en prenne 12.

La réponse est : 12

Question n° 23

Emmanuel décide de faire un investissement locatif en bénéficiant de la loi « Besson » (dispositif, en France, permettant l'achat d'un logement ouvrant droit à un avantage fiscal). Le commercial qui lui fait une offre d'investissement à 100 000 € lui indique qu'il doit s'engager à louer le logement pendant 9 ans minimum, qu' il pourra alors déduire du montant de ses revenus 8 % du prix de son achat pendant 5 ans, puis 2,5 % pendant 4 ans.

Quel montant total pourra-t-il déduire de ses revenus en 9 ans ?

Réponses possibles :

1 : 10 500 €
2 : 20 000 €
3 : 50 000 €
4 : 100 000 €

Question n° 24

Le responsable d'un magasin applique une remise de 15 % supplémentaire à un article déjà soldé à – 30% car il est défectueux.

Par rapport au prix initial, la remise est alors de...

Réponses possibles :

1 : 40,5%
2 : 59,5%
3 : 45 %
4 : 34,5%

Solution Question n° 23

Réponse : 3

8 % x 5 = 40 %
2,5 % x 4 = 10 %
Au total, il pourra déduire :
40 % + 10 % = 50 %
C'est-à-dire : 100 000 x 50 % = 50 000

La réponse est : 50 000 €

Solution Question n° 24

Réponse : 1

Si l'on applique une remise de 30 % , le prix de vente est alors de :
100 % – 30 % = 70 % du prix initial.
Si l'on applique une remise de 15 % sur ce prix, cela signifie que le prix sera multiplié par : 100 % – 15 % = 85 % du deuxième prix.
C'est-à-dire le prix sera de :
70 % x 85 % = 59,5 % du prix initial
Et la remise de :
100 – 59,5 = 40,5 %

La réponse est : 40,5 %

Question n° 25

La responsable d'un magasin de distribution se désespère car le chiffre d'affaires de ses ventes de vêtements en soldes à – 30 % a chuté. Ce matin sa direction l'autorise à passer le taux de soldes à – 50 %.

Les prix initiaux étaient barrés sur les étiquettes et les prix diminués de 30 % étaient indiqués . Elle affiche rapidement « NOUVELLE DÉMARQUE : – 50 % ».Une cliente choisit une robe et exige de la payer la moitié du prix de la première démarque sous prétexte que l'affiche ne précise pas que la nouvelle remise porte sur le prix initial. Sa direction lui confirme par téléphone que l'exigence de cette cliente est légale.

Combien cette imprécision d'étiquetage fait-elle perdre au magasin sur une robe qui était initialement à 280 € ?

Réponses possibles :

1 : 26 €
2 : 84 €
3 : 98 €
4 : 42 €

Question n° 26

Franck est en déplacement professionnel, il achète un plat chaud et une boisson au bar du TGV. Il a perdu son ticket de caisse, mais il se souvient que le total était de 14 €. La TVA (taxe sur la valeur ajoutée) sur le plat chaud était à 19,6 % alors qu'elle était à 5,5 % sur la boisson à emporter. La TVA sur le plat chaud s'élevait à 1,64 €.

Quel est le montant total de la TVA ?

Réponses possibles :

1 : 3,34 €
2 : 1,85 €
3 : 0,73 €
4 : 2,29 €

Solution Question n° 25

Réponse : 4

Prix après la première démarque :
280 x (100 % – 30 %) = 196 €
Prix après la deuxième démarque selon la responsable :
280 x 50 % = 140 €
Prix exigé par la cliente
196 x 50 % = 98 €
À cause de l'imprécision d'étiquetage, le magasin a perdu :
140 – 98 = 42 €

La réponse est : 42 €

Solution Question n° 26

Réponse : 2

Calculons le prix du plat chaud x comprenant la TVA ; nous pouvons écrire que la TVA (1,64) est égale au prix toutes taxes comprises diminué du prix hors taxes, soit :

$$x - \frac{x}{1{,}196} = 1{,}64$$

$\frac{x}{1{,}196}$ correspondant au prix hors taxes

Donc x =10
Le plat chaud coûte 10 €
La boisson coûte donc :
14 – 10 = 4 €
La TVA de la boisson est de :

$$4 - \left(\frac{4}{1{,}055}\right) = 0{,}21 \text{ €}$$

Le montant total de la TVA est de :
1,64 + 0,21 = 1,85 €

La réponse est : 1,85 €

Question n° 27

Une série d'inventaires fait apparaître une importante « démarque inconnue » (disparition de marchandises) dans un supermarché. Le responsable de la sécurité propose les chiffres suivants :

18 % des disparitions ont lieu le week-end.
19 % ont lieu la nuit, en semaine.
23 % le matin, en semaine.
33 % entre 17h et 18h30.
17 % entre 12h30 et 13h30.

En tant que directeur du supermarché, que décidez-vous ?

Réponses possibles :

1 : il faut surveiller le personnel de gardiennage ;
2 : il faut surveiller le personnel de jour ;
3 : il y a des complicités entre des clients et certains employés aux caisses ;
4 : rien, car les chiffres ne sont pas fiables.

Question n° 28

70 % de la « démarque inconnue » (disparition de marchandises) d'un supermarché a lieu de 16heures 30 à 18heures. Globalement, on constate 8 % de démarque inconnue.

Quel est le pourcentage de démarque inconnue dans ce créneau horaire ?

Réponses possibles :

1 : 56 %
2 : 62 %
3 : 5,6 %
4 : 2,4 %

Solution Question n° 27

Réponse : 4

18 + 19 + 23 + 33 + 17 = 110.

La somme de ces pourcentages devrait être égale à 100.

La réponse est : rien, car les chiffres ne sont pas fiables

Solution Question n° 28

Réponse : 3

La démarque inconnue entre 16heures 30 et 18heures représente 70 % des 8 % de marchandise qui disparaît soit :

$$\frac{8}{100} \times \frac{70}{100} = \frac{560}{10\,000} = \frac{5{,}6}{100}$$

La réponse est : 5,6 %

Question n° 29

Dans une entreprise de fabrication de baignoires émaillées, les assistantes consacrent en moyenne 48 heures par an à ranger leur bureau principalement à cause des fils d'ordinateurs qui les encombrent. Sachant que leur salaire coûte globalement 40 000 € par an et par personne à l'entreprise en moyenne (ce qui revient à un coût horaire de 20 € environ), combien faudrait-il payer au maximum l'équipement informatique sans fil du poste de travail d'une personne, pour que l'investissement soit amorti en trois ans ?

Réponses possibles :
1 : 960 €
2 : 1 920 €
3 : 2 880 €
4 : 3 200 €

Question n° 30

Les dons du sang pour les malades et les blessés des hôpitaux sont possibles aujourd'hui au travail, car des médecins se sont déplacés dans l'entreprise pour permettre aux employés de faire un don sans se déplacer. Mais Carla est déçue : on n'a pas pu lui prélever de sang car son poids est trop faible. En effet, pour chaque personne, on peut prélever 8 millilitres par kilogramme. L'unité de prélèvement est un sachet de 40 centilitres. Le poids de Carla ne permettant pas de remplir un sachet, on lui explique qu'il ne lui est pas possible de faire de don.

Combien pèse-t-elle ?

Réponses possibles :
1 : moins de 45 kilogrammes
2 : moins de 50 kilogrammes
3 : moins de 55 kilogrammes
4 : moins de 60 kilogrammes

Solution Question n° 29

Réponse : 3

Coût de rangement d'un bureau sur trois ans :
(20 x 48) x 3 = 2 880 €.
Il faut donc qu'un équipement informatique sans fil coûte au plus 2 880 € par personne pour que l'investissement soit rentable en trois ans.

La réponse est : 2 880 €

Solution Question n° 30

Réponse : 2

40 centilitres équivalent à 400 millilitres.

Pour remplir un sachet il faut peser au minimum:

$\frac{400}{8}$ = 50 kilogrammes

La réponse est : moins de 50 kilogrammes

Question n° 31

Les membres d'une équipe commerciale, heureux d'avoir atteint leurs objectifs mensuels, décident de se réunir autour d'un kir (boisson réalisée avec du vin blanc mousseux et de la liqueur de cassis) et des petits gâteaux salés. Laurence prévoit aussi du jus de fruit car elle trouve le kir trop alcoolisé et craint les tests d'alcoolémie au volant de sa voiture. Sachant que pour faire le kir il faut 9/10 de vin blanc mousseux à 11° (11 % d'alcool) et 1/10 d'alcool de cassis à 18°(18 % d'alcool), quelle est la teneur en alcool de la boisson ?

Réponses possibles:
1 : 14,5°
2 : 13°
3 : 12,2°
4 : 11,7°

Question n° 32

Dix personnes participent à une réunion de travail. Elles se quittent en se serrant la main.

Quel est le nombre de poignées de mains échangées ?

Réponses possibles:
1 : 100
2 : 45
3 : 90
4 : 50

Solution Question n° 31

Réponse : 4

Par la présence du vin blanc, la teneur en alcool du kir est de :

$$\frac{11}{100} \times \frac{9}{10} = \frac{99}{1\,000} = \frac{9,9}{100}$$

Par la présence de l'alcool de cassis, la teneur en alcool du kir est de :

$$\frac{18}{100} \times \frac{1}{10} = \frac{18}{1\,000} = \frac{1,8}{100}$$

La teneur totale en alcool du kir est de :

$$\frac{9,9}{100} + \frac{1,8}{100} = \frac{11,7}{100}$$

La réponse est : 11,7°

Solution Question n° 32

Réponse : 2

Chaque personne serre la main à 9 personnes :
10 x 9 = 90.
Mais ne serre pas la main une deuxième fois à la personne qui la lui a déjà serrée.
Le nombre de poignées de mains est donc de :

$$\frac{10 \times 9}{2} = 45$$

La réponse est : 45

Question n° 33

Pour faire travailler ensemble les cadres des bureaux de Bruxelles et de Paris, la direction générale d'une entreprise européenne de construction automobile organise un séminaire commun. Pour se présenter, chacune des 12 personnes de l'équipe de Bruxelles a un entretien en tête à tête de 5 minutes avec chacune des 12 personnes de l'équipe de Paris.

Combien y-a-t-il d'entretiens ?

Réponses possibles :

1 : 24
2 : 204
3 : 144
4 : 60

Question n° 34

Combien de temps durent les entretiens de présentation en tête à tête de deux équipes de managers, si chaque personne d'un groupe de 12 personnes a une entrevue de 5 minutes avec chaque personne d'un autre groupe de 12 personnes et si l'on désire que ces entretiens se déroulent le plus vite possible?

Réponses possibles :

1 : 60 minutes
2 : 360 minutes
3 : 720 minutes
4 : 50 minutes

Solution Question n° 33

Réponse : 3

La précision sur la durée des entretiens est inutile.
Le nombre d'entretiens est de :
12 x 12 = 144

La réponse est : 144

Solution Question n° 34

Réponse : 1

On peut avoir 12 séries de 12 entretiens simultanés.
Les entretiens durent donc :

12 x 5 = 60 minutes

La réponse est : 60 minutes

Question n° 35

Lorsque 12 personnes d'un groupe de salariés d'une entreprise de vente par correspondance rencontrent tour à tour les 12 personnes d'un autre groupe, que l'on désire que ces entretiens se déroulent le plus vite possible et qu'il y ait 1 minute de repos entre chaque entretien, combien de temps durent les entretiens ?

Réponses possibles :

1 : 72 minutes
2 : 71 minutes
3 : 431 minutes
4 : 863 minutes

Question n° 36

Le soir, 2 groupes de 12 personnes se séparent. Des poignées de mains sont échangées entre tous les participants à la séance de travail.

Combien de poignées de mains peut-on dénombrer ?

Réponses possibles :

1 : 24
2 : 576
3 : 552
4 : 276

Solution Question n° 35

Réponse : 2

Les 12 séries de 12 entretiens simultanés sont espacées de 11 intervalles de 1 minutes :
60 + 11 = 71

La réponse est : 71 minutes

Solution Question n° 36

Réponse : 4

Le nombre de personnes qui se séparent est de :
12 x 2 = 24
Chaque personne serre 1a main à 23 personnes :
24 x 23
Mais ne serre pas la main une deuxième fois à la personne qui la lui a déjà serrée.
Le nombre de poignées de mains est donc de :

$$\frac{24 \times 23}{2} = 276$$

La réponse est : 276

Question n° 37

Elie, fatigué à son retour d'une longue mission professionnelle, attend sa valise devant le tapis roulant de l'aéroport. Mais le tapis fonctionne mal et il avance de 4 mètres en 5 secondes et recule de 1 mètre en 2 secondes.

Combien de temps la valise va-t-elle mettre pour parvenir jusqu'à lui, c'est-à-dire pour se déplacer de 43 mètres ?

Réponses possibles :

1 : 96 secondes
2 : 98 secondes
3 : 42 secondes
4 : 84 secondes

Question n° 38

Profitant de ses 5 semaines de congés payés, Ahmed fait de la randonnée. Il n'a pas pris de guide pour cette course et rencontre des problèmes : le matin il avance de 15 kilomètres, mais l'après-midi il se perd et revient en arrière de 10 kilomètres. La nuit, il ne se déplace pas, il bivouaque. Il fait cette erreur plusieurs jours de suite.

Combien de jours lui faudra-t-il pour atteindre le belvédère situé à 45 kilomètres du village de départ ?

Réponses possibles :

1 : 9 jours
2 : 7 jours
3 : 8 jours
4 : aucune réponse ne convient (ARNC)

Solution Question n° 37

Réponse : 1

Une avancée de 3 mètres (4 mètres – 1 mètres) se fait en 7 secondes (5 secondes + 2 secondes).
Lorsque sa valise arrive devant Elie, logiquement il la prend sans attendre qu'elle recule de 1 mètre en 2 secondes : les derniers 4 mètres se feront donc en 5 secondes sans que la valise recule de 1 mètre.
La distance parcourue par séquences de (4 – 1)mètres est donc de :
43 mètres – 4 mètres = 39 mètres .
Cette distance est parcourue en :
$\frac{39}{3} \times 7 = 91$ secondes
Comme les derniers 4 mètres se font en 5 secondes, pour parcourir les 43 mètres, la valise met :
91 + 5 = 96 secondes

La réponse est : 96 secondes

Solution Question n° 38

Réponse : 2

Chaque jour Ahmed avance de (15 – 10) kilomètres, sauf le dernier jour où ayant atteint son but, il ne revient pas en arrière après avoir parcouru 15 kilomètres.
Il fait donc 5 kilomètres par jour, sur (45 – 15) kilomètres.
Pour faire 30 kilomètres, il met donc :
$\frac{30}{5} = 6$ jours
Pour faire 45 (30 + 15) kilomètres, il met un jour de plus, soit 7 jours.

La réponse est : 7 jours

Question n° 39

La machine à tricoter d'une usine textile s'est déréglée et elle détricote 10 centimètres après avoir tricoté 15 centimètres. Sa vitesse, aussi bien pour tricoter que pour détricoter est de 30 centimètres en 15 minutes.

Le responsable technique qui n'arrive pas à prévenir le service de maintenance se demande combien elle mettra de temps pour tricoter 1 mètre.

Réponses possibles :

1 : 4 heures 10
2 : 2 heures 30
3 : 50 minutes
4 : 3 heures 40

Question n° 40

Samuel doit faire un déplacement professionnel. Il part en voiture à 10 heures et se déplace à une vitesse de 120 kilomètres/heure. Son collègue, Joseph, lui, part de la même ville pour aller au même endroit, mais il prend un train à grande vitesse (TGV) à 11 heures. Ce train se déplace à 240 kilomètres/heure. La ligne de chemin de fer longe l'autoroute.

À quelle heure le train de Joseph va-t-il dépasser la voiture de Samuel ?

Réponses possibles :

1 : 14 heures
2 : 13 heures
3 : 12 heures
4 : 14 heures 30

Solution Question n° 39

Réponse : 4

Pour tricoter 5 centimètres, la machine avance de 15 centimètres et recule de 10 centimètres ; elle parcourt à cet effet 25 cm (15 + 10), à une vitesse de 30 centimètres en 15 minutes.
Lorsqu'elle termine le mètre de tricot, la machine ne recule plus de 10 centimètres.
On peut donc écrire :
$x\,(15 - 10) + 15 = 100$ centimètres
$5\,x = 85$, donc $x = 17$
Le travail effectué pour un mètre effectif de tricot équivaut à 17 fois (15 + 10), soit 25 centimètres auxquels on ajoute les 15 centimètres de la fin.
$(17 \times 25) + 15 = 440$ centimètres
440 centimètres se font en y minutes ; on peut poser l'équation :
$$y = \frac{15}{30} \times 440$$
ou $$\frac{15}{30} = \frac{y}{440}$$
$$\frac{1}{2} = \frac{y}{440}$$
$2y = 440$
$y = 220$ minutes, soit : 3 heures 40

La réponse est : 3 heures 40

Solution Question n° 40

Réponse : 3

Intuitivement, on constate que la voiture de Samuel fait 120 kilomètres de 10 heures à 11 heures, 120 kilomètres de 11 heures à 12 heures, et que le TGV de Joseph fait 240 kilomètres de 11 heures à 12 heures. Le TGV dépasse donc la voiture à 12 heures, au 240e kilomètre.

Autre solution Question n° 40

Soit d, la distance parcourue au moment où le TGV dépasse la voiture :
$$\frac{60d}{120} = \frac{60d}{240} + 60$$
$$\frac{2d}{4} - \frac{d}{4} = 60$$
$\frac{d}{4} = 60$, donc $d = 240$
Le TGV dépasse donc la voiture au 240e kilomètre lorsque le TGV roule depuis 1 heure et la voiture depuis 2 heures c'est-à-dire à 12 heures.

La réponse est : 12 heures

Question n° 41

Omar part de Bordeaux à 9 heures en train pour se rendre à une réunion de travail au siège de sa société à Paris. Son amie, Cécile revient d'un congrès à Paris le même jour. Son train part à 8 heures de Paris. Sachant que le train d'Omar a une vitesse moyenne de 180 kilomètres/heures, que le train de Cécile a une vitesse moyenne de 120 kilomètres/heure et que Paris et Bordeaux sont distants de 570 kilomètres, à quelle heure les deux trains vont-ils se croiser ?

Réponses possibles :

1 : 10 heures
2 : 10 heures 30
3 : 10 heures 15
4 : 11 heures

Solution Question n° 41

Réponse : 2

Intuitivement, on s'aperçoit que, à 9 heures, Omar et Cécile ont (570 –120) 450 kilomètres à parcourir à une vitesse de (180 + 120) 300 kilomètres à l'heure.

Si 300 kilomètres se font en 1 heure, 150 kilomètres se font en 1/2 heure, et 450 en 1 heure et demie.

Les trains se croisent donc à :
9 heures + 1 heure 30 = 10 heures 30.

Autre solution Question n° 41

Pour chercher x, le temps écoulé en minutes, à partir de 9 heures (donc pour faire 450 kilomètres) et jusqu'à la rencontre des trains, on peut aussi poser l'équation :

$$\frac{x}{450} = \frac{60}{300}$$

$$300\,x = 450 \times 60$$

$$x = \frac{450 \times 60}{300}$$

x = 90 minutes ou 1heure 30

La réponse est : 10 heures 30

Question n° 42

Pour accélérer l'équipement des clients en lecteur DVD, un grand magasin parisien situé aux Champs-Élysées, à Paris, décide de donner des bons d'achat de 5 € contre chaque cassette enregistrée qui est rapportée. Ces bons pourront être utilisés pour l'achat de DVD (un par DVD acheté). Un lecteur de DVD coûte en moyenne 120 €. Un DVD coûte à peu près 20 €. La promotion dure 10 jours. Si l'on fait l'hypothèse que 150 clients rapportent en moyenne 12 cassettes chacun, si un client sur deux achète un lecteur de DVD et si tous les clients font valoir tous leurs bons d'achat, quels seront le chiffre d'affaires et le pourcentage global de remise engendrés par la promotion ?

Réponses possibles :

1 : 36 000 € et 20 %
2 : 36 000 € et 25 %
3 : 45 000 € et 20 %
4 : 27 000 € et 25 %

Solution Question n° 42

Réponse : 1

Nombre de bons d'achats distribués : 150 x 12 = 1 800
Valeur totale des bons d'achat distribués :
1 800 x 5 = 9 000 €
Chiffre d'affaires représenté par les ventes de lecteurs de DVD :
$\frac{(150)}{2}$ x 120 = 9 000 €
Le chiffre d'affaires des ventes de DVD au prix normal serait de :
1 800 x 20 = 36 000 €
Chiffre d'affaires total des ventes de DVD et de lecteurs si les ventes avaient été faites sans remise :
36 000 + 9 000 = 45 000 €
Chiffre d'affaires des ventes de DVD engendrées par la promotion :
36 000 – 9 000 = 27 000 €
Chiffre d'affaires total des ventes de DVD et de lecteurs engendrées par la promotion :
27 000 + 9 000 = 36 000 €
La remise faite par le magasin sur le chiffre d'affaires total de la promotion sera de :
$\frac{9\,000}{45\,000}$ = 0,20

La réponse est : 36 000 € et 20 %

Question n° 43

La salle de réunion d'une entreprise étant trop bruyante, on décide d'y poser de la moquette et de réutiliser pour le bureau du PDG le parquet qui s'y trouvait. La surface de la salle de réunion est de 40 mètres carrés. La largeur et la longueur sont strictement supérieures à 4. La longueur du bureau est supérieure de 2 mètres à la largeur de la salle de réunion. La largeur du bureau est inférieure de 3 mètres à la longueur de la salle de réunion.

Combien de mètres carrés du parquet restera-t-il ou manquera-t-il après que le sol du bureau ait été refait ?

Réponses possibles:

1 : il manquera 5 mètres carrés
2 : il restera 5 mètres carrés
3 : il manquera 6 mètres carrés
4 : il restera 6 mètres carrés

Question n° 44

La première épreuve de sélection pour un recrutement de cadres est un QCM (questionnaire à choix multiples) de logique et de compréhension de 25 questions. Le barème de notation ne satisfait pas le Directeur des Ressources Humaines (DRH) car il donne des notes trop basses : il attribue 4 points pour une bonne réponse, – 4 points pour une réponse fausse et 0 pour une non-réponse.

Le DRH décide donc de changer le barème: désormais, on comptera 4 points pour une bonne réponse, – 2 points pour une réponse fausse et 0 point pour une non-réponse. Un candidat, Bassirou, qui avait 36 points avec l'ancien barème, a obtenu 42 points avec le nouveau barème.

Combien Bassirou a-t-il de non-réponses ?

Réponses possibles:

1 : 8
2 : 10
3 : 6
4 : 3

Solution Question n° 43

Réponse : 2

La salle de réunion fait 40 mètres carrés ce qui signifie qu'elle ne peut faire que 8 mètres de longueur (L1) sur 5 de large (l1), car 8 x 5 = 40

Soit L2 et l2, respectivement la longueur et la largeur du bureau, l'énoncé nous informe que :
L2 = l1 + 2
L2 = 5 + 2 = 7

l2 = L1 – 3
l2 = 8 – 3 = 5

La surface du bureau est donc de 7 x 5 = 35 mètres carrés.

Il restera donc (40 – 35) 5 mètres carrés de parquet.

La réponse est : il restera 5 mètres carrés

Solution Question n° 44

Réponse : 2

Soit x, le nombre de bonnes réponses, y, le nombre de mauvaises réponses.
On peut écrire :
4x – 4y = 36 (ancien barème)
4x – 2y = 42 (nouveau barème)
Soustrayons terme à terme les deux équations :
(4x – 2y) – (4x – 4y) = 42 – 36
4x – 2y – 4x + 4y = 6
2y = 6
y = 3
Le candidat a 3 réponses fausses

Remplaçons y par sa valeur, par exemple dans la première équation :
4x – 12 = 36
4x = 48
x = 12
Le candidat a 12 réponses exactes

Comme le QCM comporte 25 questions, le candidat a donc :
25 – (3 + 12) = 10 non-réponses

La réponse est : 10

Question n° 45

Les employés de la Chambre de Commerce et d'Industrie de Saint-Denis de La Réunion, qui travaillent 5 jours par semaine, réclament le passage aux 35 heures de travail par semaine, à dater du premier juillet 2003, avec en plus pour l'année 2003 quinze jours de Récupération du Temps de Travail (RTT). Après d'âpres discussions, les responsables de la Chambre de Commerce et d'Industrie proposent, eux, l'application des 35 heures de travail par semaine au premier janvier 2004, et acceptent pour 2003 les quinze jours de RTT. Si les syndicats étaient d'accord, quel serait le coût salarial supplémentaire par employé pour l'année 2003 par rapport à 2002, sachant qu'il faudra remplacer chaque salarié absent et que son salaire revient en moyenne à 400 € par semaine ?

Réponses possibles:

1 : 2 400 €
2 : 800 €
3 : 1 200 €
4 : ARNC (aucune réponse ne convient)

Question n° 46

Cosette travaille 35 heures par semaine. Elle travaille de 9 heures 45 à 12 heures 15 et de 13 heures 45 à 19 heures, les lundi, mardi, jeudi. Elle travaille de 9 heures 15 à 13 heures 45 le mercredi. Le vendredi elle commence à 9 heures 30, s'arrête à 12 heures 15, puis reprend à 13 heures 30.

À quelle heure termine-t-elle le vendredi ?

Réponses possibles:

1 : 17 heures 45
2 : 15 heures
3 : 18 heures
4 : 16 heures 15

Solution Question n° 45

Réponse : 3

Si une semaine de travail correspond à 5 jours travaillés, 15 jours de Récupération du Temps de Travail s'étalent sur 15 : 5 = 3 semaines.

Si le salaire de chaque salarié revient en moyenne à 400 € par semaine, le coût salarial moyen supplémentaire pour chaque salarié ayant un congé (RTT) de 3 semaines serait de :
400 x 3 = 1 200 € pour 2003 par rapport à 2002.

La réponse est : 1 200 €

Solution Question n° 46

Réponse : 3

Les lundi, mardi, jeudi, Cosette travaille 3 fois 2 heures 30 le matin, c'est-à-dire :
3 x 2,5 = 7,5 heures
et 3 fois 5 heures 15 l'après-midi, c'est-à-dire :
3 x 5,25 = 15,75 heures
Le mercredi, elle travaille 4heures 30, c'est-à-dire, 4,5 heures
Le vendredi, elle travaille 2 heures 45 le matin, c'est-à-dire, 2,75 heures
L'après-midi du vendredi, elle fera donc :
35 – (7,5 + 15,75 + 4,5 + 2,75) = 4,5 heures
En commençant à 13 heures 30, l'après-midi du vendredi, elle terminera donc à :
13,5 + 4,5 = 18 heures

La réponse est : 18 heures

Question n° 47

Une étude portant sur l'utilisation des ordinateurs dans les petites et moyennes entreprises du nord de l'Italie indique que 50 % des salariés de l'échantillon sont équipés d'un ordinateur et que 10 % des salariés des entreprises observées sont contrôlés à travers leur outil informatique, 60 % de ceux-ci en étant informés

Quel est le pourcentage de salariés équipés d'un ordinateur qui sont contrôlés ? Et quel est le pourcentage de salariés de l'échantillon qui ne se savent pas contrôlés?

Réponses possibles:
1 : 10 % et 40 %
2 : 5 % et 40 %
3 : 20 % et 8 %
4 : 20 % et 4 %

Question n° 48

Un syndicat professionnel propose par courrier électronique à l'ensemble de ses 3000 adhérents une inscription à un congrès. Le secrétariat commet juste la petite erreur d'activer la fonction « copie visible » si bien que l'ensemble des adhérents reçoit en copie l'adresse mail de chaque destinataire. 3 % s'inscrivent et sur ces 3 % la moitié fait l'erreur d'activer la fonction « répondre à tous ». Sur le nombre d'adhérents ne s'inscrivant pas, 70 % répondent par la négative et 1/3 d'entre eux exécutent également « répondre à tous ».

Combien de mails vont alors arriver dans chacune des boîtes aux lettres électroniques des adhérents après l'invitation du syndicat ?

Réponses possibles:
1 : 702
2 : 769
3 : 745
4 : 724

Solution Question n° 47

Réponse : 4

Sur 100 salariés observés, 10 % sont contrôlés par l'outil informatique, comme la moitié seulement sont équipés d'un ordinateur, cela revient à dire que 20 % d'entre eux sont contrôlés par l'outil informatique.

Si l' on considère la totalité de l'échantillon, 60 % parmi les 10 % contrôlés savent qu'ils le sont et par conséquent 40 % ne le savent pas, soit :

$\frac{40}{100} \times \frac{10}{100} = 4\ \%$

La réponse est : 20 % et 4 %

Solution Question n° 48

Réponse : 4

Nombre d'adhérents s'inscrivant au congrès :

$3000 \times \frac{3}{100} = 90$

Nombre d'adhérents s'inscrivant et activant la fonction « répondre à tous »

$\frac{90}{2} = 45$

Nombre d'adhérents ne s'inscrivant pas :

$3000 - 90 = 2910$

Nombre d'adhérents ne s'inscrivant pas et répondant par courrier électronique:

$2910 \times \frac{70}{100} = 2037$

Parmi ceux-ci , nombre d'adhérents activant la fonction « répondre à tous » :

$2037 \times \frac{1}{3} = 679$

$45 + 679 = 724$

La réponse est : 724

Résolution de problèmes

Solution Question n° 49

Réponse : 1

Nombre de mails envoyés par les organisateurs : 3 000
Nombre d'adhérents s'inscrivant au congrès :

$3000 \times \frac{3}{100} = 90$

Nombre d'adhérents s'inscrivant et activant la fonction « répondre à tous »

$\frac{90}{2} = 45$

ces 45 engendrent au total 45 x 3000, soit 135 000

Nombre d'adhérents ne s'inscrivant pas :
3000 – 90 = 2 910
Nombre d'adhérents ne s'inscrivant pas et répondant par courrier électronique:

$2910 \times \frac{70}{100} = 2\,037$ mails envoyés à l'organisateur

Parmi ceux-ci , nombre d'adhérents activant la fonction « répondre à tous » :

$2037 \times \frac{1}{3} = 679$ qui engendrent au total 679 x 3000 , soit 2 037 000 mails.

nombre total de mails échangés :
3 000 + 90 + 135 000+ 2 037+2 037 000 = 2 177 127

La réponse est : 2 177 127

Question n° 50

Un cambriolage a lieu au siège d'un groupe industriel situé dans la banlieue de Londres. Le tiroir du bureau du PDG qui se trouve au 9e étage a été forcé : celui-ci contenait un stylo en argent, de menus objets sans valeur et un dossier avec un plan du métro et une note de restaurant. À 9 heures, le concierge, qui a trouvé le dossier vide par terre dit à la responsable de l'accueil : *« j'ai trouvé un dossier vide par terre »*. Celle-ci, qui veut être la première à informer ses trois meilleurs amis dans la société, leur envoie aussitôt un courrier électronique ainsi libellé : *« des documents ont peut-être été volés dans le bureau du PDG »* (il est 9 heures10). Chacun d'eux envoie également un courrier électronique à trois autres collègues. Si l'on fait l'hypothèse que personne ne sera informé plusieurs fois, et que chacun envoie en moyenne trois mails (ce qui prend en moyenne 10 minutes), combien de personnes de l'entreprise au total auront-elles été informées à 10 heures ?

Réponses possibles :

1 : 7 29
2 : 1 094
3 : 1 092
4 : 731

Question n° 51

Pour fêter le départ en retraite d'un collaborateur, le service de communication interne d'une entreprise russe prépare une vodka orange. Combien faut-il de jus d'orange et de vodka pour faire une vodka orange à 5° (5 % d'alcool) avec de la vodka à 40°(40 % d'alcool) ?

Réponses possibles :

1 : 1 volume de vodka + 10 volumes de jus d'orange
2 : 1 volume de vodka + 8 volumes de jus d'orange
3 : 1 volume de vodka + 7 volumes de jus d'orange
4 : 1 volume de vodka + 5 volumes de jus d'orange

Solution Question n° 50

Réponse : 2

À 9 heures, 2 personnes sont informées (le concierge et la responsable de l'accueil),
À 9 heures 10, 3 personnes de plus sont informées
À 9 heures 20, (3 x 3) 9 personnes de plus sont informées
À 9 heures 30, (9 x 3) 27 personnes de plus sont informées
À 9 heures 40, (27 x 3) 81 personnes de plus sont informées
À 9 heures 50, (81 x 3) 243 personnes de plus sont informées
À 10 heures, (243 x 3) 729 personnes de plus sont informées
Au total à 10 heures, le nombre de personnes informées est de :
2 + 3 + 9 + 27 + 81 + 243 + 729 = 1 094

La réponse est : 1 094

Solution Question n° 51

Réponse : 3

Soit x le nombre par lequel il faut diviser 40° pour obtenir une boisson à 5°, on peut écrire
$(\frac{40}{x} = 5)$
x = 8
c'est-à-dire, qu'il faut 1 volume de vodka pour 7 volumes de jus d'orange pour obtenir une boisson à 5°.

La réponse est : 1 volume de vodka + 7 volumes de jus d'orange

Question n° 52

Pour le parc informatique d'une entreprise de location de voitures, on achète 12 boîtes de 2 cartouches d'imprimantes de couleur et 12 boîtes de 2 cartouches noires. Le prix total s'élève à 636 €. Puis, lors d'une autre commande de 11 boîtes de 2 cartouches d'imprimantes de couleur et de 10 noires, le prix total est alors de 562 €.

Quel sont les prix de chaque cartouche ?

Réponses possibles :

1 : 16 € et 10,5 €
2 : 32 € et 21 €
3 : 38 € et 24 €
4 : ARNC (aucune réponse ne convient)

Solution Question n° 52

Réponse : 1

Représentons chaque paire de cartouches de couleur par *c*
et chaque paire de cartouche noire par *n*
12 c + 12 n = 636
11 c + 10 n = 562
Pour neutraliser les « n », multiplions par 5 la première équation et par 6 la deuxième, puis effectuons la différence entre les termes des deux égalités :
5 (12 c + 12 n) = 5 x 636
6 (11 c + 10 n) = 6 x 562

60 c + 60 n = 3 180
66 c + 60 n = 3 372
(66 c + 60 n) - (60 c + 60 n) = 3 372 – 3 180

66 c + 60 n - 60 c - 60 n = 192
6 c = 192
c = 32
2 cartouches de couleur coûte 32 €
1 cartouche de couleur coûte donc 16 €

Remplaçons c par sa valeur :
11(32) + 10 n = 562
352 + 10 n = 562
10 n = 562 – 352
$n = \frac{210}{10}$
n = 21
2 cartouches noires coûtent 21 €
1 cartouche noire coûte 10,5 €

La réponse est : 16 € et 10,5 €

Question n° 53

Deux associés, Tom et Peter, se partagent les bénéfices de leur entreprise. Tom reçoit 1 550 €, Peter reçoit 1 250 €. Tom avait mis dans l'affaire 6 000 € de plus que Peter.

Quel était le capital engagé par Tom et par Peter ?

Réponses possibles :

1 : 25 000 € et 31 000 €
2 : 31 000 € et 25 000 €
3 : 21 000 € et 15 000 €
4 : 15 000 € et 21 000 €

Solution Question n° 53

Réponse : 2

Peter reçoit 1 250 € alors qu'il a engagé un capital que nous appellerons K
Tom reçoit 1 550 € alors qu'il a engagé un capital que nous appellerons K + 6 000
Pour que la proportion reçue par chacun soit identique, on peut poser l'égalité suivante :

$$\frac{1\,550}{K + 6\,000} = \frac{1\,250}{K}$$

Ce qui signifie que :
1 550 x K = 1250 x (K + 6 000)
1 550 K = 1 250 K + 7 500 000
1550 K – 1250 K = 7 500 000
300 K= 7 500 000
K = 25 000
Peter avait donc engagé 25 000 €,
Et Tom avait engagé 25 000 + 6 000 = 31 000 €

La réponse est : 31 000 € et 25 000 €

Question n° 54

Loïc, directeur financier d'une petite entreprise de négoce de fruits et légumes a placé un excédent de trésorerie pendant 11 mois. Au bout de cette période, le capital placé et les intérêts s'élèvent à 12 605 € ; et après 30 mois à 13 650 €. Les intérêts sont toujours calculés sur le capital initial.

Quel est le capital initial ? Et à quel taux annuel a-t-il été placé ?

Réponses possibles :

1 : 11 000 € à 6,5 %
2 : 11 500 € à 6 %
3 : 12 000 € à 5,5 %
4 : 12 500 € à 5 %

Solution Question n° 54

Réponse : 3

Entre le début du 12e mois et la fin du 30e mois, il s'écoule (30 – 11) = 19 mois
Sur cette période, le capital placé a rapporté :
13 650 – 12 605 = 1 045 €
Soit, par mois :

$\frac{1\,045}{19} = 55$ €

Sur 30 mois, le capital a rapporté :
55 x 30 = 1 650 €

Le capital est donc de :
13 650 – 1 650 = 12 000 €

Sur 1 an, le capital a rapporté :
55 x 12 = 660 €

Le capital a été placé à un taux annuel de :

$\frac{660}{12\,000} \times 100 = 5{,}5$ %

La réponse est : 12 000 € et 5,5 %

Question n° 55

Deux jeunes stylistes Tony et Sabine lancent une griffe (marque de vêtements) ensemble. L'un est propriétaire de la maille, l'autre du chaîne et trame (ce qui est tissé). Ils louent les services d'une usine pour la confection des vêtements pour un prix global de 112 700 € l'année. Pour la collection été, Tony utilise 8 machines pendant 1 mois, alors que Sabine utilise 5 machines pendant 3 mois. Pour la collection hiver, Tony utilise 4 machines pendant 4 mois, alors que Sabine utilise 5 machines pendant 2 mois.

La contribution de chacun étant proportionnelle à l'utilisation des machines, quelle somme chacun des stylistes, Tony et Sabine, doit-il débourser pour leur location sur l'année ?

Réponses possibles :

1 : 27 048 € et 28 175 €
2 : 55 200 € et 57 500 €
3 : 61 473 € et 51 227 €
4 : 67 620 € et 45 080 €

Question n° 56

Les foulards que Karine reçoit dans le magasin dont elle est responsable ne sont pas étiquetés. Le prix d'achat avec taxe (TVA dont le taux est de 19,6 % du prix hors taxe) est de 137,54 € ; le coefficient multiplicateur appliqué au prix d'achat hors taxe est de 2 (le prix d'achat hors taxe est multiplié par 2).

Quel est le prix de vente (TTC) taxe comprise ?

Réponses possibles :

1 : 230 €
2 : 275,08 €
3 : 211,54 €
4 : 220 €

Solution Question n° 55

Réponse : 2

L'utilisation des machines par Tony pour la maille équivaut à 8 mois d'1 machine, pour la collection hiver et (4 x 4) 16 mois d'1 machine pour la collection été, ce qui correspond à :
8 + 16 = 24 mois d'utilisation d'une machine

L'utilisation des machines par Sabine pour le chaîne et trame équivaut à 5 mois de 3 machines (5 x 3), pour la collection hiver et (5 x 2) 10 mois d'une machine pour la collection été, ce qui correspond à :
15 + 10 = 25 mois d'utilisation d'une machine

La contribution de Tony sera de :

$$112\,700 \times \frac{24}{(24 + 25)} = 55\,200 \text{ €}$$

La contribution de Sabine sera de :

$$112\,700 \times \frac{25}{(24 + 25)} = 57\,500 \text{ €}$$

La réponse est : 55 200 € et 57 500 €

Solution Question n° 56

Réponse : 1

Prix d'achat hors taxe :

$$\frac{137{,}54}{1{,}196} = 115$$

Prix de vente TTC :
115 x 2= 230

La réponse est : 230 €

Question n° 57

Dans une pizzeria bordant la plage, à la fin de la journée, le chiffre d'affaires de nourriture « à emporter » est de 1 020 €. Le taux de TVA (taxe sur la valeur ajoutée) sur les ventes emportées est de 5,5 % ; les ventes de nourriture « consommée sur place » (pour laquelle le taux de TVA est de 19,6 %) sont de 505 €. Le responsable de la pizzeria, Simon, souhaite connaître le taux de TVA moyen pour la journée.

Quel est-il ?

Réponses possibles :

1 : 9,78 %
2 : 8,91 %
3 : 12,50 %
4 : 15,22 %

Question n° 58

Le chiffre d'affaires d'un magasin de vêtements est de 46 000 € pour 6 mois, c'est-à-dire une saison. 60 % du chiffre d'affaires est réalisé avec un coefficient multiplicateur de 2,2 (le prix d'achat hors taxe est multiplié par 2,2 pour obtenir le prix de vente taxe comprise). 40 % du chiffre d'affaires est réalisé en soldes, les vêtements sont alors vendus au prix d'achat avec taxe. La taxe (TVA) est de 19,6 %.

Quel est le coefficient multiplicateur moyen pour toute la saison ?

Réponses possibles :

1 : 2,5
2 : 2
3 : 1,8
4 : 1,65

Solution Question n° 57

Réponse : 1

Prix de vente hors taxe de la nourriture « à emporter » :

$\frac{1\,020}{1{,}055} = 966,\ 82$

Montant de la TVA pour la nourriture « à emporter » :

1020 – 966,82 = 53,18

Prix de vente hors taxe de la nourriture « consommée sur place » :

$\frac{505}{1{,}196} = 422{,}24$

Montant de la TVA pour la nourriture« consommée sur place » :

505 – 422,24 = 82,76

Taux moyen de TVA pour la journée :

$\frac{53{,}18 + 82{,}76}{966{,}82 + 422{,}24} = 9{,}78\ \%$

La réponse est : 9,78 %

Solution Question n° 58

Réponse : 4

Chiffre d'affaires réalisé avec le coefficient multiplicateur de 2,2 :

46000 x 60 % = 27 600 €

Le prix d'achat hors taxe est alors de :

$\frac{27\,600}{2{,}2} = 12\,545{,}45$ €

Chiffre d'affaires réalisé, en soldes, en vendant au prix d'achat avec taxe :

46 000 x 40 % = 18 400 €

Le prix d'achat hors taxe est alors de :

$\frac{18\,400}{1{,}196} = 15\,384{,}62$ €

Le prix d'achat total hors taxe des marchandises vendues est de :

12 545,45 + 15 384,62 = 27 930,07 €

Le coefficient multiplicateur moyen pour toute la saison est de :

$\frac{46\,000}{27\,930{,}07} = 1{,}65$

La réponse est : 1,65

Question n° 59

Aujourd'hui, les transports en commun parisiens sont en grève, les taxis sont rares, mais le train que Magali doit prendre gare Montparnasse partira comme prévu à 10 heures 35. Elle habite à 30 kilomètres de la gare et décide de s'y rendre à bicyclette. Elle part de chez elle à 8 heures 45 et effectue le trajet à une moyenne de 18 kilomètres à l'heure. Arrive-t-elle avant ou après le départ du train ?

Réponses possibles :

1 : elle arrive 5 minutes avant le départ du train
2 : elle arrive 10 minutes avant le départ du train
3 : elle arrive 10 minutes après le départ du train
4 : elle arrive 20 minutes après le départ du train

Solution Question n° 59

Réponse : 2

Soit x le temps nécessaire en minutes pour parcourir 30 kilomètres à 18 kilomètres à l'heure :

$$\frac{60}{18} = \frac{x}{30}$$

18 x = 1800

x = 100

Pour parcourir 30 kilomètres, Magali met 100 minutes (60 + 40), soit 1 heure 40 minutes

En partant à 8 heures 45, elle arrive gare Montparnasse à :

  8h 45
+ <u>1h 40</u>
  9h 85 c'est-à-dire,10h 25

Or le train part à 10 heures 35.

La réponse est : elle arrive 10 minutes avant le départ du train

Question n° 60

Christine part de Poitiers en train à grande vitesse (TGV) à 18 heures 09 pour aller à Paris situé à 350 kilomètres. Elle sait que le TGV parcourt les 100 kilomètres qui le séparent de Tours à 150 kilomètres à l'heure, qu'il s'arrête à Tours 2 minutes, et qu'il arrive à Paris à 19 heures 51. Elle s'amuse à calculer la vitesse du TGV entre Poitiers et Paris et entre Tours et Paris.

Quelles sont-elles ?

Réponses possibles :

1 : 205,88 et 241,94
2 : 250 et 210
3 : 150 et 250
4 : 210 et 250

Solution Question n° 60

Réponse : 4

Soit x le temps mis pour aller à Tours :

$$\frac{60}{150} = \frac{x}{100}$$

150 x = 6 000

$$x = \frac{6\,000}{150}$$

x = 40 minutes

Heure d'arrivée à Tours : 18 heures 49

Le train repart 2 minutes plus tard, c'est-à-dire à 18 heures 51; comme il arrive à 19 heures 51, on constate qu'il met 1 heure pour parcourir la distance entre Tours et Paris, donc à une vitesse de 250 kilomètres à l'heure.

Sa vitesse est donc de 250 kilomètres à l'heure entre Tours et Paris.

Son temps de parcours entre Poitiers et Paris est de :

(19 heures 51-18 heures 09) – 2 minutes car le train s'arrête 2 minutes à Tours c'est-à-dire 1 heure 40 ou 100 minutes

Sa vitesse moyenne, y, entre Poitiers et Paris est donc de :

$$\frac{350}{100} = \frac{y}{60}$$

100y = 21000

y = 210 kilomètres à l'heure

Sa vitesse moyenne est donc de 210 kilomètres à l'heure entre Poitiers et Paris.

La réponse est : 210 et 250

Question n° 61

En revendant son appartement 5 ans après l'avoir acheté, Sandra réalise une plus-value de 25 %, alors qu'elle n'espérait gagner que 20 % (c'est-à-dire 48 000 €). Elle avait inclus cette plus-value dans le plan de financement qu'elle a réalisé pour l'achat de son nouvel appartement. Elle a déjà utilisé ce plan de financement pour demander à sa banque un prêt pour un nouvel appartement qui lui revient à 320 000 €.

Dans quelle situation se trouve-t-elle ?

Réponses possibles :

1 : Sandra a demandé 32 000 € à sa banque et il lui manque 12 000 €
2 : Sandra a demandé 32 000 € à sa banque et elle a 12 000 € en trop
3 : Sandra a demandé 20 000 € à sa banque et elle a 12 000 € en trop
4 : Sandra a demandé 20 000 € à sa banque et il lui manque 12 000 €

Question n° 62

Une compagnie d'assurances décide de vendre un des terrains qu'elle possède. Elle doit en effet réinvestir le prix de vente dans la construction d'un centre commercial. Elle fait une plus-value de 540 000 €, c'est-à-dire + 45 % du prix d'achat. Sachant que ce terrain avait été payé 100 € le mètre carré quelques années plus tôt.

Quelle est sa surface ?

Réponses possibles :

1 : 1 200 000 mètres carrés
2 : 12 000 mètres carrés
3 : 1 200 mètres carrés
4 : 8 276 mètres carrés

Solution Question n° 61

Réponse : 2

Plus-value réalisée par Sandra en vendant son ancien appartement :

$\frac{48\ 000}{20} \times 25 = 60\ 000$ €

Elle a donc :

60 000 – 48 000 = 12 000 € supplémentaires par rapport à ses prévisions

Prix auquel Sandra avait acheté son ancien appartement :

$\frac{48\ 000}{20} \times 100 = 240\ 000$ €

ou

$\frac{60\ 000}{25} \times 100 = 240\ 000$ €

En vendant son ancien appartement, Sandra avait prévu de disposer de :

240 000 + 48 000 = 288 000 €

Sandra avait donc demandé à sa banque :

320 000 – 288 000 = 32 000 €

La réponse est : Sandra a demandé 32 000 € et elle a 12 000 € en trop

Solution Question n° 62

Réponse : 2

Prix auquel le terrain avait été acheté :

$\frac{540\ 000}{45} \times 100 = 1\ 200\ 000$ €

Surface du terrain :

$\frac{1\ 200\ 000 \text{ €}}{100} = 12\ 000$ mètres carrés

La réponse est : 12 000 mètres carrés

Question n° 63

Un technicien de surface, Joël, est salarié de l'entreprise Dupont & Dupond. Martine fait le même travail et a été mise à disposition par une entreprise d'intérim, International Interim. Le salaire de Martine coûte à l'entreprise Dupont & Dupond 50 € de plus par jour de travail que le salaire de Joël. Du 15 février au 15 mars, Joël a travaillé 20 jours et Martine a travaillé 25 jours. Pendant cette période, le travail de Joël coûte 1 575 € de moins que celui de Martine.

Quel est le coût salarial journalier de Joël ?

Réponses possibles :

1 : 50 €
2 : 75 €
3 : 65 €
4 : 80 €

Solution Question n° 63

Réponse : 3

Soit y le coût journalier de Martine et x celui de Joël
$y = x + 50$
$20 x = 25 y - 1575$
$20 x = 25 (x + 50) - 1575$
$x = 65$

La réponse est : 65 €

III. LOGIQUE

Question n° 64

Quelles sont les lettres qui manquent dans ce tableau, sachant que celles à réutiliser sont indiquées dans la colonne de droite :

M	**E**	**A**	**N**	3 lettres exactes et mal placées
T	**E**	**S**	**T**	1 lettre exacte et bien placée 1 lettre exacte et mal placée
N	**E**	**A**	**T**	3 lettres exactes et mal placées
S	**A**	**N**	**E**	2 lettres exactes et bien placées
?	**?**	**?**	**?**	

Réponses possibles :
1 : SEAT
2 : AMES
3 : MATE

Question n° 65

Quel est le nombre manquant ?

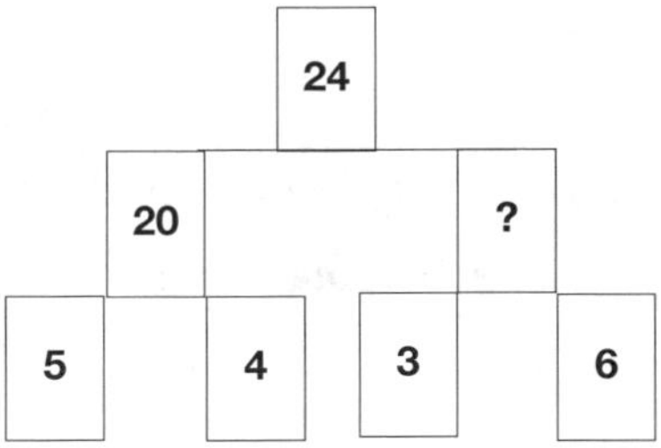

Réponses possibles :
1 : 18
2 : 12
3 : 30
4 : 15

Solution Question n° 64

Réponse : 4

Exemple de raisonnement :
MEAN a 3 lettres exactes et mal placées
TEST n'a que E en commun avec MEAN. Comme E est à la même place dans les 2 mots, E est exacte et mal placée
NEAT a 3 lettres exactes et mal placées. NEA est impossible car dans SANE, il n'y a que 2 lettres exactes. EAT est possible : T serait bien placée dans la première lettre de TEST (T…). EA pourraient être les 2 autres lettres qui seraient mal placées dans MEAN et dans NEAT. Si dans NEAT, EAT sont les 3 bonnes lettres, alors N est à éliminer. Donc dans MEAN, les 3 bonnes lettres sont MEA
Les lettres bien placées dans SANE sont A et E (TA . E)
Comme on a vu que N n'est pas possible, alors, dans MEAN, la lettre exacte (outre E et A) est M
Donc la seule solution possible est : TAME
(il est à noter que différents raisonnements peuvent être formulés notamment en confrontant les réponses possibles aux informations données)

La réponse est : TAME

Solution Question n° 65

Réponse: 1

Dans ce schéma en forme de « racine », les nombres du côté gauche présentent la relation suivante :
5 x 4 = 20
20 + 4 = 24
à droite, on aura :
3 x 6 = 18
18 + 6 = 24

La bonne réponse est: 18

Question n° 66

Quel est le nombre manquant ?

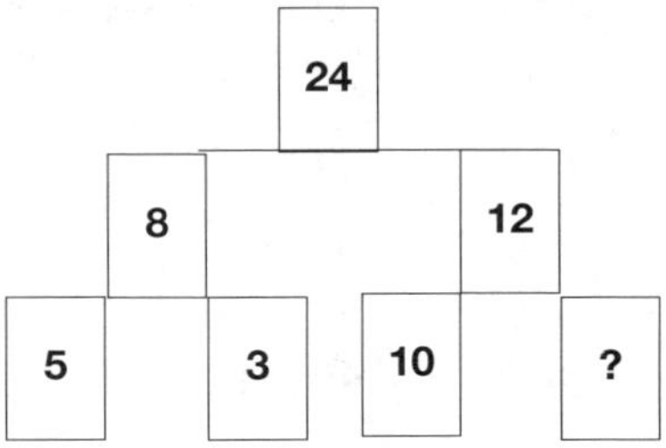

Réponses possibles :

1 : 6
2 : 4
3 : 10
4 : 2

Question n° 67

Quel est le nombre manquant ?
SAC = 23
BAS = 22
LAS = 32
TAS = 40
SAS = ?

Réponses possibles :

1 : 26
2 : 34
3 : 18
4 : 39

Solution Question n° 66

Réponse : 4

Dans ce schéma en forme de « racine », les nombres du côté gauche présentent la relation suivante :
5 + 3 = 8
8 x 3 = 24
à droite, on a :
10 + 2 = 12
12 x 2 = 24

La bonne réponse est : 2

Solution Question n° 67

Réponse: 4

Attribuons à chaque lettre de chacun des mots, le nombre correspondant au rang de la lettre dans l'alphabet : A étant numéro 1 et Z numéro 26
Pour chaque mot, additionnons les nombres correspondant au rang de ses lettres
Ainsi
SAC = 19 + 1 + 3 = 23
BAS = 2 + 1 + 19 = 22
LAS = 12 + 1 + 19 = 32
TAS =20 + 1 + 19 = 40
Donc:
SAS = 19 + 1+ 19 = 39

La bonne réponse est: 39

Question n° 68

Quelle est la lettre manquante ?
CD = F
EF = I
GH = L
IJ = ?

Réponses possibles :

1 : O
2 : T
3 : R
4 : E

Question n° 69

Quelle est la lettre manquante ?
B C F G ? K N O

Réponses possibles :

1 : H
2 : J
3 : L
4 : I

Solution Question n° 68

Réponse : 1

CD = F
C D e F (1 lettre entre D et F dans l'ordre alphabétique)
EF = I
E F g h I (2 lettres entre F et I dans l'ordre alphabétique)
GH = L
G H i j k L (3 lettres entre H et L dans l'ordre alphabétique)
I J = ?
I J k l m n O (4 lettres entre K et P dans l'ordre alphabétique)

La bonne réponse est : 0

Solution Question n° 69

Réponse : 2

Cherchons la règle qui relie ces lettres entre elles
Dans l'ordre alphabétique :
B et C se suivent
Il y a 2 lettres (D et E) entre C et F
F et G se suivent
Il y a 2 lettres (H et I) entre G et J
J et K se suivent
Il y a 2 lettres (L et M) entre K et N
N et O se suivent

La bonne réponse est : J

Question n° 70

Quel est le chiffre manquant ?

26	14	12
9	?	7
13	4	9

Réponses possibles :

1 : 19
2 : 2
3 : 5
4 : 8

Question n° 71

Quel est le chiffre manquant ?

27	9	3
81	27	?
243	81	27

Réponses possibles :

1 : 243
2 : 81
3 : 3
4 : 9

Solution Question n° 70

Réponse : 2

Cherchons les relations possibles entre tous ces nombres :
26 – 14 = 12
13 – 4 = 9
9 – 2 = 7

La bonne réponse est : 2

Solution Question n° 71

Réponse : 4

Cherchons les relations possibles entre tous ces nombres
Dans une ligne, le nombre de la deuxième colonne est égal à la division de la précédente par 3

$\frac{27}{3} = 9$ $\frac{81}{3} = 27$ $\frac{243}{3} = 81$

Dans une ligne, le nombre de la troisième colonne est égal à la division de la précédente par 3

$\frac{9}{3} = 3$ $\frac{81}{3} = 27$ et donc $\frac{27}{3} = 9$

Autre solution Question n° 71

Les 3 colonnes se répètent avec chaque fois un décalage d'une ligne vers le bas

La bonne réponse est : 9

Question n° 72

Quel est le chiffre manquant ?

1	3	5
2	?	8
3	7	11

Réponses possibles :

1 : 4
2 : 2
3 : 5
4 : 6

Question n° 73

Quel est le nombre manquant ?
SELECTION = 020200340
RECRUTEMENT = 02005020200
MANAGEMENT = 0101020200
ENTREPRISE = ?

Réponses possibles :

1 : 0103204301
2 : 0213405300
3 : 2000200302
4 : 0105002400

Solution Question n° 72

Réponse : 3

Cherchons les relations possibles entre tous ces nombres. Dans la première ligne pour passer d'un nombre à un autre, on ajoute 2
3 = 1 + 2
5 = 3 + 2
Dans la troisième ligne pour passer d'un nombre à l'autre , on ajoute 4,
7 = 3 + 4
11 = 7 + 4
Dans la deuxième ligne pour passer d'un nombre à l'autre , on ajoute 3,
2 + 3 = 5
5 + 3 = 8

La bonne réponse est : 5

Solution Question n° 73

Réponse : 3

Ces mots sont codés. Si l'on cherche ce que ces codages ont en commun, on remarque que toutes les consonnes sont remplacées par 0, et toutes les voyelles sont remplacées par le nombre correspondant à leur rang dans la succession des voyelles : A (1) , E (2), I (3), 0 (4), U (5), Y (6)
Donc
E N T R E P R I S E =
2 0 0 0 2 0 0 3 0 2

La bonne réponse est : 2000200302

IV. COMPRÉHENSION DE DONNÉES

Question n° 74

D'une enquête téléphonique auprès d'un échantillon de 504 entreprises, le directeur marketing d'une société de services informatiques extrait le tableau de résultats suivant qui croise les réponses à la question « votre entreprise est-elle équipée d'un intranet » avec « la taille » des entreprises répondantes :

Que doit-il conclure ?

	Effectif de l'entreprise			
	50-500	**500-2000**	**> 2000**	**Total**
Dispose d'un intranet	247 70,4% 65 %	34 9,7 % 69,4 %	70 19,9 % 93,3 %	351 100 % 69,6 %
Ne dispose pas d'un intranet	133 86,9 % 35 %	15 9,8 % 30,6 %	5 3,3 % 6,7 %	153 100 % 30,4 %
Total	380 75,4 % 100 %	49 9,7 % 100 %	75 14,9 % 100 %	504 100 % 100 %

Réponses possibles :

1 : que la taille n'a pas d'influence sur l'équipement des entreprises

2 : qu'à partir de 500 salariés, l'intranet est généralisé

3 : que les entreprises de plus de 2000 salariés ont quasiment toutes un intranet

4 : que les entreprises les plus grandes ont moins besoin d'un intranet

Solution Question n° 74

Réponse : 3

Dans la colonne des entreprises de plus de 2000 salariés, il y a 70 entreprises sur 75 (93,3 %) qui possèdent un intranet
Il faut comparer ce pourcentage avec la proportion d'entreprises de taille plus réduite (< 2000 salariés) qui possèdent un intranet
– 69,4 % (34/49) pour les 500-2000 salariés
– 65 % (247/380) pour les 50-500 salariés

La bonne réponse est : que les entreprises de plus de 2 000 salariés ont quasiment toutes un intranet

Question n° 75

Le directeur d'une société informatique cherche à savoir quelles sont les entreprises qui considèrent les technologies de l'information et de la communication (TIC) comme étant stratégiques afin de pouvoir mieux cibler ses actions marketing et commencer sa communication publicitaire dans le secteur où les TIC sont le plus stratégiques. Il commande une enquête téléphonique qui lui fournit les résultats suivants qui concernent trois secteurs d'activité.

	Secteur			
	Industrie	**Télécom**	**Distribution**	**Total**
Considère les TIC comme stratégiques	118 71,5% 51,1 %	25 15,1 % 78,1 %	22 13,4 % 50 %	165 100 % 69,6 %
Ne considère pas les TIC comme stratégiques	113 79,6 % 48,9 %	7 4,9 % 21,9%	22 15,5 % 50 %	142 100 % 30,4 %
Total	231 75,2 % 100 %	32 10,4 % 100 %	44 14,4 % 100 %	307 100 % 100 %

Par quel secteur le responsable marketing doit-il commencer son action de communication?

Réponses possibles:

1 : les trois secteurs simultanément
2 : le secteur distribution
3 : le secteur industrie
4 : le secteur télécom

Solution Question n° 75

Réponse : 4

C'est dans le secteur des télécoms que la proportion d'entreprises répondant positivement est la plus forte (78,1 % = 25/32) alors que dans l'industrie le taux est plus faible : 51,1 % (118/231). Il en de même dans la distribution (50 % = 22/44).

La bonne réponse est : le secteur télécom

Question n° 76

Le directeur d'une agence de publicité fait réaliser une enquête de notoriété spontanée auprès des 167 clients de son entreprise et à la question : *« quelles sont les agences de publicité que vous connaissez ? »*, il obtient un pourcentage de citation spontanée de son agence de près de 100 %.

Que peut-il en conclure?

Réponses possibles :

1 : que ses clients sont satisfaits
2 : que sa notoriété est excellente
3 : que ses concurrents sont peu dynamiques
4 : rien

Question n° 77

Une enquête réalisée auprès d'un échantillon de 3 216 salariés fournit les résultats suivants quant à l'utilisation du courrier électronique selon la taille des entreprises. Que peut-il en conclure ?

Nombre de courriers électroniques reçus par jour et par salarié selon la taille des entreprises

< 50 salariés	9,8
51 à 500	13
501 à 5 000	15,1
5 001 à 10 000	16,1
> 10 000	19

Réponses possibles :

1 : que les salariés des petites entreprises communiquent plus par mail que ceux des grandes
2 : que les salariés des grandes entreprises communiquent autant par mail que ceux des petites
3 : que plus l'entreprise est grande, plus les échanges de courriers électroniques sont nombreux
4 : que les différences ne sont pas importantes

Solution Question n° 76

Réponse : 4

L'enquête a été réalisée auprès des clients de l'entreprise, il est donc normal qu'ils citent leur fournisseur ! Pour que l'enquête ait un sens et un intérêt il faut qu'elle soit menée auprès de l'ensemble du marché.

La réponse est : rien

Solution Question n° 77

Réponse : 3

Dans les entreprises de moins de 50 salariés, chaque salarié reçoit en moyenne 9,8 mails par jour. Dans les très grandes entreprises (> 10 000 salariés), le nombre de mails reçus par jour s'élève à 19. C'est d'ailleurs normal, car plus l'effectif est important plus les échanges entre les membres de l'entreprises sont nombreux du fait des besoins de coordination.

La réponse est : plus l'entreprise est grande, plus les échanges de courriers électroniques sont nombreux

Question n° 78

Une enquête sur la perception de la répartition des compétences (stratégiques, humaines, techniques), réalisée auprès de personnes appartenant à 4 niveaux hiérarchiques différents d'une grande entreprise de production internationale de téléphones portables, fournit les résultats représentés par le graphique suivant.

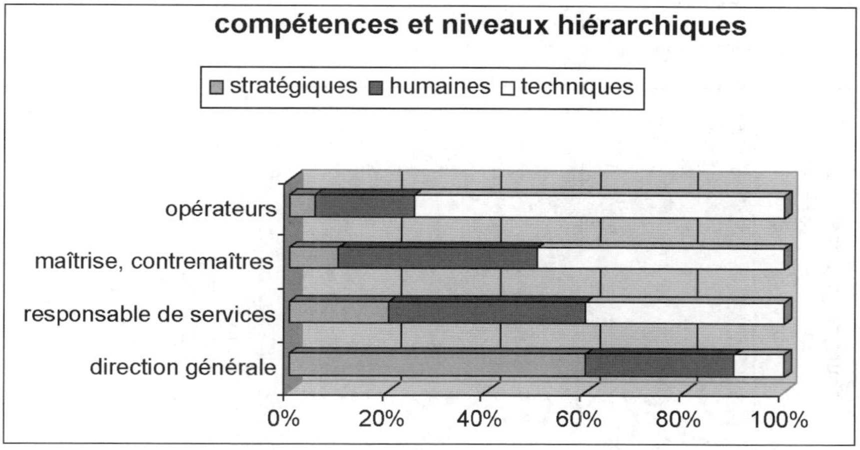

Que peut-on en conclure ?

Réponses possibles :

1 : les compétences humaines et techniques se développent ensemble
2 : la compétence stratégique est présente à tous les niveaux hiérarchiques
3 : la compétence technique augmente avec le niveau hiérarchique
4 : la compétence humaine n'est pas présente dans toutes les fonctions

Réponse page 131

Question n° 79

Un candidat au poste d'analyste financier junior d'une grande banque internationale située à New York est soumis au test suivant avant d'être recruté en stage pendant 6 mois. Trois séries statistiques correspondant à l'évolution du cours moyen des actions par année lui sont soumises pour les secteurs de la librairie sur Internet, de la fabrication de pneus, de l'assurance.

Que doit-il conclure ?

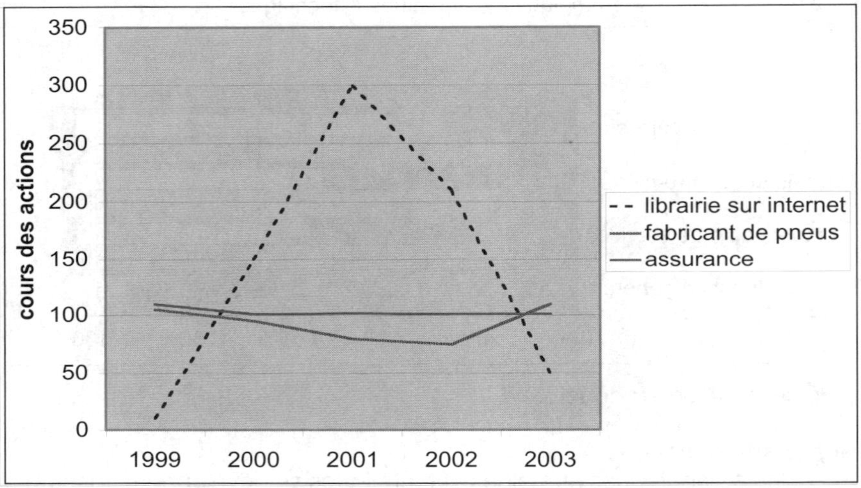

Réponses possibles :

1 : le secteur Internet est régulièrement décroissant
2 : le secteur de l'assurance est indépendant des variations boursières
3 : la valeur des actions des entreprises du secteur du pneu est liée au nombre de véhicules immatriculés
4 : tous les secteurs évoluent en fonction de la valeur des actions du secteur Internet

Réponse page 131

V. COMPRÉHENSION DE TEXTES

Question n° 80

Laquelle de ces phrases est en accord avec le sens du texte ?

« **La dispersion géographique des activités**

La dispersion géographique influe fortement sur le caractère stratégique des TIC (technologies de l'information et de la communication). Plus les entreprises sont dispersées géographiquement, plus les TIC leur apparaissent comme constituant un enjeu stratégique. La proportion d'entreprises considérant que les TIC sont un enjeu stratégique passe de 48 % pour les entreprises qui sont implantées sur un seul site en France, à 56 % pour celles qui sont sur plusieurs sites en Europe, 65 % pour les entreprises qui sont situées sur plusieurs continents. Il est donc clair que les TIC jouent un rôle d'autant plus primordial que les besoins de coordination dus à la dispersion géographique de l'entreprise sont importants.

Sur le plan de la comparaison avec les résultats obtenus l'année passée, on note une stabilité globale des relations, si ce n'est que certaines différences qui étaient apparues, par exemple sur la dispersion internationale du chiffre d'affaires, sur l'influence du groupe, s'estompent.

On observe donc que la place accordée aux TIC dans la réflexion stratégique est directement liée à des facteurs discriminants de contexte dont les plus importants sont la dispersion de l'entreprise, le secteur et à un degré moindre la taille. »

(Source : M. Kalika, Le e-management, *Éditions Liaisons, 2003, p. 77)*

Réponses possibles :

1 : plus les entreprises sont dispersées géographiquement, plus elles pensent que les TIC sont stratégiques

2 : les entreprises stratégiques développent leur chiffre d'affaires à l'étranger grâce aux TIC

3 : plus les entreprises ont des clients à l'étranger, plus elles jugent que les TIC sont stratégiques

4 : le pourcentage des entreprises utilisant les TIC est passé de 48 % à 65 %

Réponse page 131

Question n° 81

Laquelle de ces phrases est en accord avec le sens du texte ?

«…Pourtant c'est bien à partir de la microéconomie que s'est forgé le modèle implicite de référence, très longtemps dominant, de l'entreprise et de la décision managériale. Ce modèle ne considère pas l'entreprise en tant que telle, pas plus qu'il n'explicite le rôle du manager.

La première est un acteur atomique soumis aux lois du marché et à la prégnance de la compétitivité par la maîtrise des coûts (et donc au souci lancinant d'y échapper). Le second est assimilé au propriétaire seulement soucieux de la valorisation de son patrimoine et y parvenant grâce à la gestion scientifique de l'outil de production : organisation scientifique du travail et niveau d'échelles adéquat résolvent le problème. Ce modèle à la fois explicite, puisque la microéconomie néoclassique a constitué et constitue encore souvent la base de l'enseignement économique universitaire, et implicite, puisque l'entreprise n'y est pas intégrée comme objet d'analyse et que la décision du manager n'est pas non plus directement prise en compte, a longtemps encadré les décisions de gestion. Son poids intellectuel s'est fait sentir aussi bien dans l'organisation productive qu' au niveau politique. Vouloir diminuer le chômage en réduisant le temps de travail de chacun est un exemple particulièrement frappant de cette prégnance du modèle néoclassique : si le travail est homogène (hypothèse de base du modèle) alors la mesure peut avoir de l'effet ; s'il ne l'est pas, elle n'en aura pas. Dans l'entreprise, la réduction des effectifs est souvent perçue, et même par la bourse, comme source du rétablissement potentiel de la profitabilité : si la compétitivité repose sur la seule maîtrise du coût du travail, alors oui sans doute la mesure peut contribuer à l'objectif recherché ; mais si tel n'est pas le cas, alors les espoirs seront nécessairement déçus. Ces quelques exemples témoignent, à la fois, de l'encastrement de la décision de gestion dans un modèle explicatif de la performance et en même temps, puisque la critique rapidement résumée a été souvent faite, de la prise de conscience, par les décideurs, de la nécessité du discernement en la matière. Et c'est la raison essentielle du renforcement qui vient d'être évoquée, des approches théoriques dans les programmes managériaux.

Ce renforcement a pris deux directions. La première a conduit à l'approfondissement théorique des différents champs de la gestion qu'il s'agisse de la théorie financière, de la théorie du comportement du consommateur ou encore de la théorie du contrôle. La seconde a cherché à rendre compte de l'entreprise en tant qu'organisation productive. Cette orientation a été rendue nécessaire du fait de l'incapacité du modèle microéconomique dominant à représenter l'action collective, les conditions de son pilotage et les déterminants de son enracinement durable et profitable dans son environnement sociétal. L'entreprise devient un objet d'étude en tant que tel, ni acteur atomique dans le monde du marché ni communauté sociale autocentrée sur les relations humaines qui s'y développent...»

(Source : B. de Montmorillon, Le défi du discernement théorique, *in « Les défis du management», Éditions Liaisons, 2002)*

Réponses possibles :

1 : le modèle de la microéconomie classique suppose que dans les entreprises la compétitivité soit liée à la réduction des licenciements

2 : il est possible que la mise en place des 35 heures hebdomadaires de travail réduise le chômage à la condition que le travail soit homogène

3 : le modèle de la microéconomie classique considère l'entreprise comme un objet d'étude en tant que tel

4 : jusqu'à ce jour, le modèle microéconomique n'était enseigné que dans peu d'universités

Réponse page 131

Question n° 82

Laquelle de ces phrases est en accord avec le sens du texte ?

«…

Les impératifs financiers et considération pour les hommes

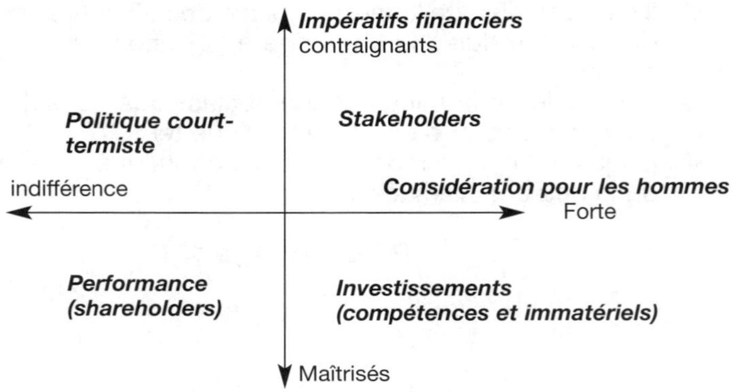

…»

(*Source : F. Wacheux,* Le défi de la fonction RH dans un environnement de création de valeur, *in « Les défis du management », Éditions Liaisons, 2002, p.97.)*

Réponses possibles :

1 : des investissements immatériels sont corrélés à des impératifs financiers contraignants

2 : des investissements immatériels sont liés à la considération pour les hommes et provoqués par des impératifs financiers contraignants

3 : une politique court-termiste subit les effets de la considération pour les hommes ainsi que les impératifs financiers contraignants

4 : les investissements sont décidés lorsqu'il y a la fois considération pour les hommes et maîtrise des impératifs financiers

Réponse page 131

Question n° 83

Laquelle de ces phrases est en accord avec le sens du texte?

«...Aujourd'hui, les ressources humaines n'ont aucune place dans le bilan des entreprises ou dans la valeur patrimoniale, telle que l'entendent les financiers. Les compétences, l'attachement à l'entreprise, le réseau relationnel [...] «n'impactent» pas directement le résultat. Pourtant, tout dirigeant reconnaît qu'ils sont une condition nécessaire de l'activité quotidienne de l'entreprise.

La plupart des responsables RH n'imaginent pas la méconnaissance de leur fonction, de sa responsabilité et de ses moyens d'action, par les autres secteurs de l'entreprise. Tout manager a une opinion sur la manière dont on doit gérer les hommes. Les compétences de la fonction ne sont pas considérées comme spécifiques, mais techniques. En consé-quence, la DRH se retrouve dans un rôle essentiellement opérationnel. C'est seulement en temps de crise, ou de conflit, que la fonction intégrera les processus de décisions stratégiques dans la plupart des entreprises.

La place et la reconnaissance de la fonction RH dépendent beaucoup du type d'entreprise dans laquelle on se situe et de la situation économique dans laquelle elle se trouve... Ce ne sont pas les impératifs de rentabilité qui sont critiquables, toute entreprise doit obtenir des profits financiers pour survivre, mais l'horizon court-terme qu'imposent la logique création de valeur et les modes de calcul court-termiste. La dimension humaine ne fait pas partie de ce référentiel.

En tant que spécialiste des ressources humaines, il est difficile d'accepter l'idée que la valeur de l'entreprise peut se résumer dans les informations financières, mises à disposition pour l'actionnaire (le total du bilan moins les dettes du passif) et que les choix stratégiques et organisationnels se structurent uniquement à partir de cette logique. Les salariés, les compétences mises en œuvre ou le management des hommes n'apparaissent pas de manière directe...»

(Source: F. Wacheux, Le défi de la fonction RH dans un environnement de création de valeur, *in «Les défis du management», Éditions Liaisons, 2002, p. 96.)*

Réponses possibles:

1: dans les entreprises la direction Ressources Humaines a systématiquement un rôle stratégique

2: la fonction Ressources Humaines est indépendante du type d'entreprises où elle s'exerce et de son environnement

3: un spécialiste des Ressources Humaines ne peut que convenir que la valeur de l'entreprise exprimée par les informations financières aux actionnaires détermine ses choix stratégiques

4: l'auteur s'élève contre le fait que la fonction Ressources Humaines n'intègre qu'exceptionnellement en cas de crise ou de conflit les processus de choix à long terme de l'entreprise

Réponse page 131

Question n° 84

Laquelle de ces phrases est en accord avec le sens du texte ?

« ...Prenons l'exemple des investissements immatériels (Alter, 1990 ; Bonfour, 1998), qui concernent la recherche et développement, l'informatique et la robotique, le marketing, la formation et le conseil. L'investisseur connaît, dans le meilleur des cas, les dépenses que représentent ces activités ; dans le meilleur des cas seulement, car la plupart du temps, il ignore toute une partie des dépenses effectuées par les différents services de la firme dans ces domaines, et pour le savoir, il est souvent amené à faire faire une étude spécifique. Il ne connaît par ailleurs jamais bien la manière dont les opérateurs, au quotidien, consacrent du temps à l'appropriation, à la maintenance ou à la formation sur le tas pour maîtriser telle technologie ou telle méthode de gestion. Mais surtout, l'investisseur ne peut absolument pas connaître de manière précise les retours sur ces investissements. Bien évidement, il peut les supputer, et c'est généralement ce type de supputation qui amène au financement d'une opération (le prêt de la banque, en particulier, suppose ce type de démarche). Mais il peut rarement évaluer de manière précise ces retours, une fois les investissements réalisés. On commence aujourd'hui à comprendre pourquoi. Tout d'abord, les évaluations des avantages économiques tirés par exemple de la mise en œuvre d'un réseau de type intranet ou d'une politique de formation pour une firme ne sont pas aisées. Les experts savent bien que lorsqu'on s'y soumet quand même, c'est souvent sans pouvoir "chiffrer" les retours. Mais peut-on évaluer économiquement le résultat d'investissements sans les chiffrer ? Ensuite, on ne sait jamais bien à quel facteur ou acteur attribuer les retombées positives ou négatives de ce type d'investissement, parce que leur mise en œuvre est toujours collective: le bon ou le mauvais fonctionnement d'un robot est dû à qui, et à quoi ? Aux concepteurs ? Aux formateurs ? Aux organisateurs ? Au climat social ? À la culture des ouvriers ? Aux stratégies du management ? On ne sait jamais faire le tri de manière claire entre tous ces éléments... »

(Source : N. Alter, Le défi des conflits de temporalités dans les processus d'apprentissage, *in « Les défis du management », Éditions Liaisons, 2002, p.86.)*

Réponses possibles :

1 : l'investisseur connaît la plupart du temps les dépenses que représentent la recherche et développement, l'informatique et la robotique, le marketing, la formation et le conseil

2 : les retours sur investissement des investissements matériels sont difficiles à connaître

3 : les banques prêtent facilement lorsque les entreprises font des investissements immatériels

4 : chiffrer les investissements puis calculer les retours sur investissement est la principale difficulté des investissements immatériels

Réponse page 131

Question n° 85

Laquelle de ces phrases est en accord avec le sens du texte ?

«...C'est par raccourci que nous qualifierons l'économie actuelle de « postmoderne ». En simplifiant, on peut dire que l'économie dite « moderne » est celle qui a remplacé les économies rurales par l'industrialisation, et qu'elle se caractérisait par la clarté des rôles des acteurs. L'économie dite « postmoderne », qui se met en place sous nous yeux, se caractérise plutôt par leur ambiguïté. Alors que l'entreprise « moderne » devait avant tout sa prospérité à la rentabilité de ses marchés, l'entreprise « postmoderne » la doit surtout à sa capacité d'intégrer conjointement facteurs de marché, facteurs politiques et facteurs sociaux dans ses pratiques et ses stratégies. Les exemples sont nombreux et se multiplient, en particulier pour les grandes entreprises : pas un licenciement économique qui ne soit en même temps un enjeu politique et social, pas une fusion ou une acquisition qui ne doive être autorisée, pas un investissement d'envergure qui ne se heurte à des contestations locales, pas une stratégie de marketing qui ne soit scrutée à la loupe par certains groupes de pression, pas une innovation alimentaire ou médicale qui ne soulève des débats éthiques et mobilise opinion et pouvoirs publics. Les entreprises doivent donc préparer leur champ socio-politique tout autant que leur champ économique. Les acteurs sociaux attendent d'elles non seulement qu'elles soient rentables, voire qu'elles créent de l'emploi, mais encore qu'elles agissent de façon « responsable ». Outre son rôle de création de valeur économique, l'entreprise a donc aussi un rôle sociétal à jouer... »

(Source : J. Pasquero, Le défi de la gestion responsable, *in « Les défis du management », Éditions Liaisons, 2002, p. 35,36.)*

Réponses possibles :

1 : dans l'économie dite « postmoderne », le rôle des acteurs est loin d'être ambigu
2 : dans l'économie dite « moderne », la rentabilité mais aussi les facteurs politiques et sociaux sont fondamentaux
3 : dans l'économie « postmoderne », les entreprises sont supposées agir de façon responsable et doivent tenir compte des attentes des acteurs sociaux et politiques
4 : une entreprise responsable est une entreprise dont on a reconnu la culpabilité

Réponse page 131

Question n° 86

Laquelle de ces phrases est en accord avec le sens du texte ?

«…Dans les systèmes complexes, l'ordre, imposé par le sommet n'est que temporaire. De manière fréquente, l'entreprise se trouve dans un univers où la prévision est impossible. La seule manière de procéder est alors d'avancer à petits pas et de revoir fréquemment le déroulement des actions qui ont été entreprises dans le but de les réactualiser. Il s'agit ici de rendre le déroulement des actions plus linéaire. Dans le domaine de l'organisation on parle d'approches incrémentales, suivant lesquelles aucune action irréversible n'est mise en œuvre afin d'éviter de pousser le système en dehors de son cadre de fonctionnement. Ce faisant, l'entreprise peut, en temps réel, réorienter sa stratégie, la modifier, la remettre en cause si nécessaire en fonction des opportunités qui se présentent, des modifications non anticipées de l'environnement, des événements de toutes natures qui viennent peser sur le bon déroulement de ce qui a été initialement projeté. Nous sommes dans la situation similaire de celle d'un enfant qui souhaite construire un Lego géant sans en avoir le plan précis, mais seule une vision d'ensemble. Vision qui se forme et se déforme au fur et à mesure où chaque pièce est ajoutée et retirée en fonction des difficultés et des possibilités nouvelles d'aménagement qui apparaissent. Bien entendu, cette approche a des limites dans la mesure où il est parfois difficile à l'entreprise de procéder par ajustements successifs. Il s'agit d'un pis-aller, car même une petite action peut entraîner à terme des changements d'envergure, remettant en cause l'ordre initial souhaité.… »

(Source : R.-A. Thietart, Les défis de la complexité, *in « Les défis du management », Éditions Liaisons, 2002, p. 54.)*

Réponses possibles :

1 : l'entreprise qui a une approche incrémentale se fixe des objectifs qu'elle réalise peu à peu sans jamais modifier sa stratégie

2 : une petite action peut entraîner, dans l'immédiat uniquement, des changements considérables

3 : un enfant qui construit un Lego géant ne le fait pas sans avoir un plan précis, une vision d'ensemble

4 : une approche incrémentale dans les organisations implique que l'on réoriente la stratégie si nécessaire au fur et à mesure du déroulement des différentes petites actions.

Réponse page 131

Question n° 87

Laquelle de ces phrases est en accord avec le sens du texte ?

«...Si notre travail nécessite un minimum de visibilité, il est également fondamental qu'il soit reconnu. La reconnaissance est au cœur de la dynamique humaine au travail. Selon la psychodynamique du travail, la reconnaissance passe par deux types de jugement : le jugement de beauté, celui des pairs et le jugement d'utilité, des résultats, celui de la hiérarchie. Le premier renvoie à la beauté du travail, c'est-à-dire à un jugement esthétique que font les pairs ou auquel peut également avoir recours le supérieur hiérarchique lorsqu'il a l'expérience du travail. Ce jugement se retrouve très clairement bien sûr chez les artisans et tous les gens de métier à travers la notion de bel ouvrage. Mais on peut aussi le rencontrer dans tous les emplois à des degrés divers. Le second, le jugement d'utilité, est souvent plus important que le premier, notamment dans un contexte où l'efficacité est devenue une obsession. Il touche les résultats obtenus et il est donné généralement par le supérieur hiérarchique. Ce jugement doit être équitable, c'est-à-dire que l'on doit reconnaître le travail accompli en relation avec les difficultés rencontrées et en comparaison avec d'autres emplois analogues. Car les personnes sont très sensibles à l'injustice de traitement. Mais, pour tous les gens qui travaillent, si les deux jugements sont importants, celui des pairs demeure souvent le plus redoutable et le plus redouté. Car il vient de l'intérieur, de ceux et celles qui savent.... »

(Source : J.-F. Chanlat, Le défi social du management : l'apport des sciences sociales*, in « Les défis du management », Éditions Liaisons, 2002, p. 68.)*

Réponses possibles :

1 : un travail visible est un travail qu'il est possible de voir si l'on en fait la demande

2 : le jugement de beauté porté par les pairs est considéré comme plus important par les personnes concernées que le jugement d'utilité

3 : les personnes qui font un travail visible ont plus besoin que les autres d'être considérées par leur supérieur hiérarchique

4 : il existe quatre sortes de jugement du travail : celui de beauté, celui des pairs, celui d'utilité et celui de la hiérarchie

Réponse page 131

Question n° 88

Laquelle de ces phrases est en accord avec le sens du texte ?

«…Les outils de GRH (gestion des ressources humaines) ne tiennent pas toujours compte des impératifs qui viennent de l'organisation et de la stratégie. Il est même naturel qu'il y ait un décalage entre les deux : les problèmes organisationnels et stratégiques évoluent plus rapidement qu'on ne peut adapter les outils de GRH, et ces problèmes sont si nombreux et divers qu'on ne peut les inclure dans les outils de gestion sans rendre ces derniers trop complexes pour être pratiquement utilisables. En conséquence on ne peut pas faire de gestion des ressources humaines en se reposant uniquement sur les outils de gestion utilisés par la fonction RH. Si par exemple la stratégie du directeur d'agence consiste à développer le e-commerce auprès des clients existants et à doubler son volume d'affaires auprès des PME du secteur agroalimentaire, on conçoit que ce serait une erreur d'effectuer les recrutements des ingénieurs commerciaux uniquement sur la base de la définition de poste sans tenir compte de ces orientations. À l'évidence on doit aussi, quand on rédige les annonces et qu'on filtre les candidats, recueillir des données sur la pratique qu'ils ont de l'activité pour laquelle ils sont recrutés, ou au moins sur la capacité qu'ils ont à s'adapter au milieu professionnel auquel on les destine. Ces éléments ne figurent pas dans la définition de poste que nous avons vue. Le manager et le fonctionnel RH qui travaille avec lui doivent au moins en tenir compte de façon informelle… »

(Source : P. Romelaer, Le défi crucial, intégrer le manager et la GRH, *in « Les défis du management », Éditions Liaisons, 2002, p. 111.)*

Réponses possibles :

1 : les outils de GRH évoluent moins rapidement que les problèmes organisationnels et stratégiques

2 : il n'est pas nécessaire de tenir compte de la stratégie du directeur d'agence pour définir le profil des ingénieurs commerciaux à recruter

3 : les candidats à un poste d'ingénieur commercial doivent s'informer sur la nature exacte du travail qu'on leur propose

4 : les managers et les fonctionnels RH ne peuvent se consulter que de manière formelle quand il s'agit de recrutement

Réponse page 131

Question n° 89

Laquelle de ces phrases est en accord avec le sens du texte?

«...La finance est bousculée par la net-économie: le constat s'applique au comportement des acteurs de la finance comme à la doctrine financière. C'est la preuve que le bouleversement induit par "l'économie de l'information" est profond. On a du mal à le mesurer et les marchés se sont emballés et "embullés"; mais ils ont bien pressenti l'ampleur du phénomène dans sa triple dimension: Des marchés porteurs se créent autour de nouveaux produits et de nouveaux services; Les marchés traditionnels sont transformés par l'émergence de nouvelles formes d'échange: on est au début d'un processus plus lent que prévu mais puissant; L'informatisation accélère non seulement l'organisation interne de l'entreprise mais elle exerce aussi une influence sur le découpage des frontières de l'entreprise. Les TIC (technologies de l'information et de la communication) ne sont pas "la" source de la nouvelle économie, elles sont un facteur technique majeur, qui s'intègre à une évolution plus profonde. Par exemple, les politiques d'externalisation conduites par les entreprises sont techniquement facilitées par les TIC, mais ces politiques s'expliquent fondamentalement par la volonté d'accroître la rentabilité en allégeant l'actif investi et le bilan; l'influence de la finance se retrouve ici. L'impact des TIC se comprend mal si on l'isole d'un environnement de "financiarisation" des stratégies d'entreprise. Décidément, la finance a encore quelque chose à nous dire sur la "nouvelle économie"!... »

(Source: L. Batsch, Le défi de l'évaluation des entreprises, *in «Les défis du management», Éditions Liaisons, 2002, p. 168.)*

Réponses possibles:

1: la finance n'a pas été bousculée par la net-économie
2: grâce aux TIC, il est désormais plus aisé de conduire des politiques d'externalisation
3: les marchés traditionnels sont transformés de manière moins puissante, mais plus rapide que l'on avait supposé
4: sans les TIC, aucune politique d'externalisation ne pourrait être conduite

Réponse page 131

Question n° 90

Laquelle de ces phrases est en accord avec le sens du texte?

«...La comptabilité anglo-saxonne trouve ses origines en Grande-Bretagne au XIXe siècle. Bien qu'il existe des différences entre l'actuelle comptabilité britannique et les comptabilités des États-Unis, du Canada et de l'Australie, il existe suffisamment de points communs pour que l'on puisse parler d'un référentiel anglo-saxon, lequel référentiel doit en particulier sa diffusion aux grands cabinets d'audit. Ces cabinets participent activement à la normalisation dans les pays anglo-saxons et entretiennent son homogénéité. Quelles sont les caractéristiques actuelles de ce référentiel? Tout d'abord, mis en œuvre dans les pays où les marchés financiers jouent un rôle important dans le financement de l'économie, ce référentiel accorde une grande attention aux besoins d'information financière des investisseurs; implicitement, il se réfère à un mode de gouvernance des entreprises que l'on peut qualifier d'actionnarial. Par ailleurs, mis en œuvre dans des pays marqués par le pragmatisme économique, ce référentiel accorde une grande importance à la réalité économique des opérations et ce aux dépens de leur qualification juridique, ce qu'exprime le principe substance *over form* (principe de prééminence de la réalité économique sur l'apparence juridique). D'autre part, développé dans des pays de droit commun, il s'appuie sur des normes qui laissent une marge d'interprétation assez large aux professionnels de la comptabilité, ce qui suppose de la part de ceux-ci des compétences qui vont au-delà de la stricte application de la technique comptable, ainsi qu'une solide déontologie. Cette déontologie se structure autour de la notion de *true and fair view*, qui impose au professionnel un idéal de vérité et de sincérité (qui, comme le montrent des affaires récentes, peut être bafoué en pratique). Enfin, dans les pays où ce référentiel prévaut, la comptabilité est fortement déconnectée de la fiscalité; le bénéfice imposable s'obtient en particulier en appliquant des règles spécifiques indépendantes des règles comptables... »

(Source: B. Colasse, Le défi de la mondialisation comptable, *in « Les défis du management », Éditions Liaisons, 2002, p. 140.)*

Réponses possibles:

1: les différences entre les comptabilités des États-Unis, du Canada et de l'Australie sont plus importantes que les similitudes

2: le besoin d'information financière des investisseurs est déterminant aussi bien dans le référentiel anglo-saxon que dans le référentiel continental

3: dans les pays anglo-saxons, le rôle des professionnels de la comptabilité suppose une solide déontologie et des compétences étendues

4: la déontologie n'est pas indispensable aux professionnels de la comptabilité continentale

Réponse page 131

Question n° 91

Laquelle de ces phrases est en accord avec le sens du texte ?

«....COMMENT AMÉLIORER LA STRATÉGIE RELATIONNELLE ? Les suggestions devant permettre l'amélioration des relations banque-clients sont nombreuses. Les principales concernent le processus de prise de décision interne des institutions financières (12 banquiers sur 18). Les directeurs de comptes se plaignent du manque de latitude qu'ils ont dans leurs décisions (principalement en termes d'acceptation de crédit), cela ne leur permettant pas de gérer de manière efficace les relations avec leur clientèle. La stratégie relationnelle pourrait aussi être améliorée en diminuant le taux de rotation important des directeurs de comptes (12 banquiers). La gestion de portefeuille devrait aussi être revue par les institutions (huit banquiers) afin de prendre en considération la notion de relation. Deux directeurs de comptes affirment avoir délibérément choisi d'être plus sélectifs dans leur gestion de la clientèle, allouant plus de temps et de ressources aux clients perçus comme les plus importants en termes de profit. Ils avouent néanmoins qu'un plus grand nombre de leurs comptes nécessiterait une approche similaire. Six banquiers avouent que le nombre croissant de services proposés par leur institution est une menace pour l'efficacité des relations avec leurs clients. En effet, il leur est difficile de faire face à la croissance rapide de la gamme de services (de 80 à 100 services différents ont été répertoriés au début de cette étude)... »

(Source : J. Perrien et al., Les défis du marketing relationnel, *in « Les défis du management », Éditions Liaisons, 2002, p. 195.)*

Réponses possibles :

1 : le nombre croissant des services proposés par les banques ne peut qu'améliorer les relations avec les clients

2 : les directeurs de comptes se plaignent du manque d'instructions qui leur permettraient de gérer plus efficacement les relations avec leurs clients

3 : les directeurs de comptes déplorent un manque d'autonomie pour certaines décisions qu'ils estimeraient pouvoir prendre

4 : certains directeurs de comptes pensent qu'il est fondamental de consacrer un temps d'entretien important et équivalent à tous les clients quel que soit le profit que ceux-ci sont susceptibles de générer

Réponse page 131

Réponses

Question n° 78	*Réponse*	2
Question n° 79	*Réponse*	2
Question n° 80	*Réponse*	1
Question n° 81	*Réponse*	2
Question n° 82	*Réponse*	4
Question n° 83	*Réponse*	4
Question n° 84	*Réponse*	4
Question n° 85	*Réponse*	3
Question n° 86	*Réponse*	4
Question n° 87	*Réponse*	2
Question n° 88	*Réponse*	1
Question n° 89	*Réponse*	2
Question n° 90	*Réponse*	3
Question n° 91	*Réponse*	3

VI. CONSEILS POUR PASSER DES TESTS

• Avant l'épreuve

– Exercez-vous aux différents types de tests, l'entraînement fait progresser.
– Faites un jeu de la préparation des tests et prenez plaisir à développer votre agilité intellectuelle en vous entraînant.
– Attention, les calculettes ne sont généralement pas autorisées, exercez-vous donc sans calculette.

• La veille de l'épreuve

– N'arrivez pas épuisé le jour des tests.
– Ne prenez jamais un médicament dont vous n'avez pas testé les effets auparavant la veille ou le jour d'une épreuve.
– Prévoyez largement votre temps de trajet.
– Identifiez l'itinéraire pour vous rendre au centre d'examen.

• Le matin de l'épreuve

– Déjeunez bien et absorbez une nourriture qui vous convient.
– Pensez à emporter des en-cas.
– Pensez à apporter une pièce d'identité et la convocation à l'épreuve.
– Adaptez votre tenue vestimentaire au lieu du test, notamment lorsqu'il est immédiatement suivi d'entretiens de sélection.
– Emportez plusieurs stylos, crayons de papier, gommes, etc.
– Emportez une montre ou un chronomètre.
– Éteignez votre téléphone portable. Attention, les téléphones sont interdits pendant les épreuves.

• Pendant l'épreuve

– Bien lire les consignes avant de commencer.
– Ne pas répondre au hasard, les tests comptabilisent souvent des points négatifs pour les mauvaises réponses.
– Ne vous laissez pas démoraliser si vous ne savez pas traiter un QCM, mais passez au suivant.
– Ne copiez pas sur vos voisins, il n'y a aucune raison pour qu'ils sachent mieux faire que vous !
– Concentrez-vous exclusivement sur l'épreuve et ne vous occupez pas des autres candidats.
– Oubliez toutes vos préoccupations personnelles pendant l'épreuve et ne pensez qu'aux tests.
– Regardez la montre et évaluez le temps à consacrer à chaque question.
– Restez jusqu'à la fin de l'épreuve et utilisez tout le temps disponible.

• **Après l'épreuve**

– Ne discutez pas des résultats avec les autres candidats, préparez les autres épreuves.

– Votre non-réussite éventuelle ne préjuge pas définitivement de votre inaptitude, mais révèle probablement votre insuffisance de préparation aux épreuves concernées et le fait que d'autres candidats se soient mieux, ou plus, préparés.

Bonne chance!

et n'oubliez pas:
plus vous mettez de chances de votre côté,...
plus vous aurez de chance!

Achevé d'imprimer en janvier 2009

sur les presses de l'imprimerie ALFABASE

Dépôt légal : janvier 2009

Imprimé aux Pays-Bas